68,—

Ilse Maierbacher

SCHABLONIEREN

140 historische Vorlagen zur
individuellen Raumgestaltung

DR. HANS-J. WERNER
DIPL.-ING. ARCHITEKT AKH
FELDBERGSTRASSE 7
63512 HAINBURG

Die Deutsche Bibliothek – CIP-Einheitsaufnahme
Schablonieren: 140 historische Vorlagen zur individuellen Raumgestaltung / Ilse Maierbacher. [Alle Abb. für dieses Buch stammen von Roland Bunge]. – München : Callwey, 1995
(Callwey creativ)
ISBN 3-7667-1180-6
NE: Maierbacher, Ilse; Bunge, Roland

© 1995 Georg D. W. Callwey GmbH & Co.,
Streitfeldstraße 35, 81673 München
Das Werk einschließlich aller seiner Teile ist urheberrechtlich geschützt. Jede Verwertung außerhalb der engen Grenzen des Urheberrechtsgesetzes ist ohne Zustimmung des Verlages unzulässig und strafbar.
Das gilt insbesondere für Vervielfältigungen, Übersetzungen, Mikroverfilmungen und die Einspeicherung und Verarbeitung in elektronischen Systemen.
Schutzumschlaggestaltung   Jonas Distel, München
Satz   Filmsatz Schröter, München
Lithos   Karl Findl & Partners GmbH & Co. KG, Icking
Druck und Bindung   Auer GmbH, Donauwörth
Printed in Germany 1995
ISBN 3-7667-1180-6

DANK
Ich bedanke mich ganz herzlich bei Sabine-Beate Lehnert und bei Reiner Neubauer für die hilfreiche, freundliche Unterstützung.

BILDNACHWEIS
Alle Abbildungen für dieses Buch stammen von Roland Bunge, Dresden, bis auf Abbildung 46 (Deutsches Korbmuseum, Michelau) und Abbildung 49 (Fränkisches Freilandmuseum, Bad Windsheim).

Schablonenarchive:
Sabine-Beate Lehnert, Prien
Restaurierungswerkstatt Reiner Neubauer, Bad Endorf
Sammlung Reinhard Zehentner, Mühldorf
Claudia Boeltl, Rimsting
Ilse Maierbacher, Aschau

INHALT

6 EINLEITUNG

8 HISTORISCHES – EIN BLICK ZURÜCK

**TEIL I
MATERIAL UND TECHNIKEN**

10 UNTERGRÜNDE

11 DIE SCHABLONE
11 *Die Einschlägige*
11 *Die Mehrschlägige*
13 Werkzeuge und Materialien
14 Schablone herstellen
14 *Schablone aus Karton*
15 *Schablone aus Kunststoffolie*

18 DIE FARBIGKEIT
18 Farben mischen
18 Farbe für die Linierung

19 ABSCHNÜREN MIT DER SCHLAGSCHNUR

20 LINIEREN

22 SCHABLONIEREN
22 Deckend stupfen
22 Lasierend stupfen
22 Streichen
22 Granieren
24 Spritzmethoden

25 SCHABLONIEREN AN DER WAND
25 Schablonierte Bordüren

27 WANDFÜLLENDE SCHABLONIERUNG
31 *Tips und Tricks*
31 *Schwer zugängliche Stellen*
32 Streumuster

33 SPRENKELFASSUNG

34 SCHWAMMSTUPFEN

35 VERZIEREN MIT BLATTMETALL

**TEIL II
ORNAMENTE**

38 EINSCHLÄGIGE SCHABLONEN

48 MEHRSCHLÄGIGE SCHABLONEN

66 MEHRSCHLÄGIGE SCHABLONEN MIT KONTURENZEICHNUNG

88 SCHABLONEN MIT BLATTMETALL-VERZIERUNG

92 ORNAMENTE FÜR WANDFÜLLENDE SCHABLONIERUNG

99 GESTALTETE RÄUME

111 EINSCHLÄGIGE ORNAMENTE IN SCHWARZ-WEISS

127 BEZUGSQUELLEN

2 Der Befund geht über die Decke, Hohlkehle und Wand. Er verdeutlicht die aufwendige Fassung dieses Raums mit wechselnden Mustern. Es wurde soweit freigelegt, daß eine Rekonstruktion möglich war: Jedes Ornament erscheint einmal komplett.

3 Der Befund zeigt mehrere Fassungen übereinander. Die Originalfarbigkeit vermittelt einen Eindruck vom damaligen Zeitgeschmack (um 1900), der die Räume ziemlich dunkel erscheinen ließ.

EINLEITUNG

◁ 1 Der retuschierte Befund zeigt vier Schablonenfassungen. Zwei verschiedene Schablonen wurden je zweimal in wechselnder Farbigkeit verwendet. Die Erstfassung – die rote Quaste – wurde rekonstruiert, siehe Seite 105.

Schablonieren als Wand- beziehungsweise Raumdekoration erlebt zur Zeit eine vehemente Renaissance.

Das Interesse ist groß – doch es fehlt an Motivvorlagen, was die spontane Umsetzung in die Tat noch hemmt. Die historische Ornamentik ist zum größten Teil dem Zeitgeist der Nachkriegsjahre zum Opfer gefallen und mit ihr oftmals auch das handwerkliche Können. Aber bekanntlich ist nach einem halben Jahrhundert das wieder gefragt, was schon einmal als unmodern galt.

Dieses Buch zeigt eine einmalige, umfangreiche, 140 Exemplare umfassende Sammlung ausschließlich historischer Ornamente aus der Blütezeit der Dekorationsmalerei im bürgerlichen Bereich. Die Schablonen stammen aus der Zeit von der Jahrhundertwende bis 1940. Sie liegen größtenteils als Originalschablonen vor oder wurden durch Freilegen bei Befunduntersuchungen entdeckt.

Die freigelegten Muster sind teilweise in ihrer vorgefundenen Farbigkeit wiedergegeben (dies wird dann in der Bildlegende erwähnt). Die Farbwahl entspricht allerdings nicht immer dem heutigen Geschmack und gibt sicherlich oft Anlaß, eine dem Ornament gerechte und der eigenen Vorstellung entsprechende Interpretation zu finden. Hier gilt es, die Ausführung nach der individuellen Einrichtung und dem persönlichen Geschmack auszurichten. Der Fantasie und der Kreativität sind dabei keine Grenzen gesetzt.

Damit die Arbeit Spaß macht und von Erfolg gekrönt ist, geht jeweils eine ausführliche Beschreibung der handwerklichen Abwicklung voraus. Die Schwierigkeitsgrade sind unterschiedlich, so daß sich jeder das heraussuchen kann, was er sich zutraut: Von einem einfarbigen Fries oder einer mehrfarbigen Bordüre mit Linierung bis zur wandfüllenden Dekoration.

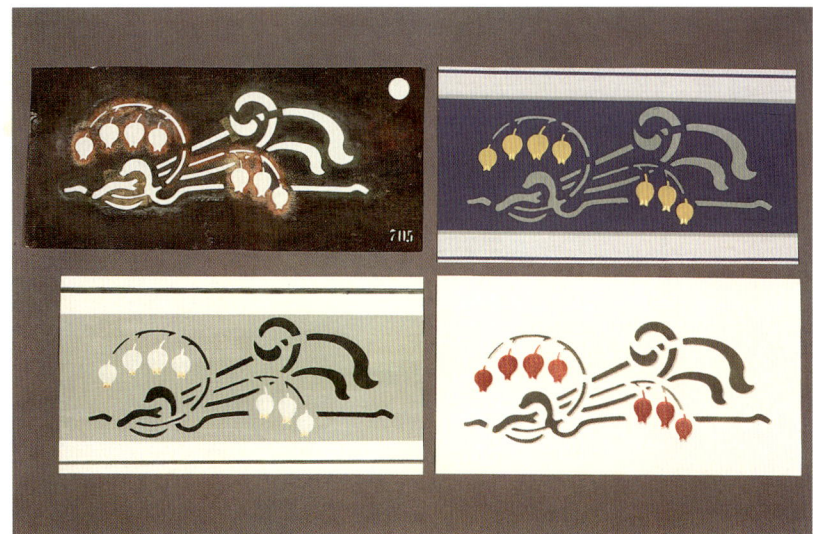

4 Diese Originalschablone besteht aus nur einem Schlag. Das heißt, sie ist vom Hersteller einfarbig vorgesehen. Das Blumenmotiv animiert zu farbiger Gestaltung. Hier drei Variationen: Zweifarbige Blume auf einem Band mit je zwei Linien darüber und darunter, in der Blüte etwas Gold. Oder zweifarbig auf einem Band mit je einer Linie oben und unten, die Blüte von Hand mit dem Spitzpinsel nachträglich farbig geschmückt. Oder zweifarbig auf einfarbigem Hintergrund mit einem Schatten.

5 und 6 Noch zwei Beispiele mit Schatten. Er läßt den Fries plastischer, fast dreidimensional erscheinen. Selbst der einfache, grafische Fries wird dadurch aufgewertet. Der Schatten wird zuerst (einschlägig) gestupft. Er gehört nach rechts unten (Südosten).

HISTORISCHES – EIN BLICK ZURÜCK

Schablonieren ist keine neuzeitliche Rationalisierungsmethode zu Dekorzwecken, sondern ein uraltes Handwerk. Von der Antike bis heute – in Asien, Amerika und Europa verbreitet – sind Schablonenmuster an Wänden, Gefäßen und auf Stoffen zu finden. Das Schablonieren ist nach wie vor ein bewährtes Hilfsmittel, um immer wiederkehrende Ornamente schneller als von Hand gemalt anzubringen, aber auch viel gleichmäßiger, als es in Handarbeit überhaupt machbar wäre.

Die Möglichkeit, Farben zunehmend künstlich und dadurch billiger produzieren zu können, läßt im 19. Jahrhundert die Dekorationsmalerei im profanen Bereich erblühen. Nur ein Beispiel: Echtes Ultramarin konnte bis etwa 1840 nur sehr aufwendig und kostspielig aus Lapislazuli (einem Halbedelstein) gewonnen werden. Nach seiner künstlichen Herstellung finden sich schnell üppige Blaufassungen an Wänden und Decken. Ein wahrer Farbenrausch breitet sich daraufhin in den bürgerlichen Wohnungen aus, und ein neuer Beruf ist entstanden. Der Dekorationsmaler übt ein Handwerk aus, das es so heute in Deutschland nicht mehr gibt und das am ehesten mit dem des Kirchenmalers zu vergleichen ist. Ausbildungsmöglichkeiten für diesen Beruf findet man derzeit nur noch in Bayern; in England ist dieser Beruf nie unmodern geworden und existiert heute noch. Das Malerhandwerk ist in Deutschland andere Wege gegangen – zwangsläufig, denn zeitintensive Arbeit ist immer teurer geworden.

Zur Dekorationsmalerei gehört auch das Schablonieren. Häufig werden ganze Wände und sogar Decken mit Mustern flächig ausgestaltet.
Meistens arbeiten mehrere Maler an einem Auftrag, denn die Schablonen aus geölter oder lackierter Pappe haben recht unhandliche Formate zwischen 50 und 70 Zentimetern Breite, oder je nach Ornament auch mehr. Eine Person hält die Schablone an die Wand, und der Kollege stupft die Farbe auf.

7 Aufwendige Decken-Wand-Abwicklungen mit vielen Linierungen waren vor allem in Häusern des gehobenen Bürgertums üblich. Dieser Gaststättenraum präsentiert eine Rekonstruktion nach Befund. Zudem schmückt eine weitere Maltechnik aus der Dekorationsmalerei den Raum: Marmorierung an Decke und Fensterleibung.

Stupfen nennt man die gebräuchlichste Technik. Dabei wird der runde, mit Farbe gefüllte Pinsel mit seinen kurzen, steifen Borsten in senkrechter und hämmernder Bewegung gegen die Wand gestoßen. Wie sich an Befunden zeigt, war schon damals Zeit gleich Geld. Es wurde offensichtlich auch früher recht flott gearbeitet. Klekser ließ man stehen, und die Anlegepunkte für die Schablonen (Paßmarken) konnten auch schon mal verrutschen.

Während zu Beginn der Schablonier-Ära im bürgerlichen Bereich die Maler ihre Ornamente selbst entwerfen und schneiden, entwickelt sich um die Jahrhundertwende eine industrielle Herstellung dieser Werkzeuge. Häufig werden mit den Schablonen auch Farbkarten mitgeliefert, die es dem Maler erleichtern, bei mehrfarbigen Friesen eine Farbharmonie zu erzielen. Das ist deshalb nicht einfach, weil die Form des Ornaments selbst, ne-

8 Eine fabrikmäßig gestanzte Originalschablone aus Pappe mit Numerierung und dem Vermerk: GES. GESCH: = gesetzlich geschützt. Auf Seite 7 ist sie zweifarbig mit einem Schatten dargestellt.

ben einer harmonischen Farbkombination, einen erheblichen Einfluß auf die gesamte Erscheinung hat. Die Schablonen sind numeriert und zum Teil sogar urheberrechtlich geschützt.
Der Vertrieb erfolgt über Reisende und über Inserate in »Die Mappe – Deutsche Malerzeitschrift«, damals wie heute das Branchen-Organ.

Diese vermeintliche Vereinfachung ihrer Malkunst kratzt bei manchem Maler am Berufsethos. Aber schließlich müssen auch sie wirtschaftlich denken und sich dem Zeitgeist anpassen. So ist die gleiche Ornamentik in Köln wie in Dresden zu finden.
Ganz unumstritten ist das Schablonieren nicht, auch nicht für Ludwig Reisberger, der in den 20er Jahren Schriftleiter der »Mappe« ist und sich um das handwerkliche Niveau seiner Maler-Gilde sorgt. Er propagiert die Freihandmalerei für Friese und liefert sich mit dem »Verband Deutscher Malerschablonenfabrikanten« diesbezüglich einen über mehrere Ausgaben anhaltenden verbalen Schlagabtausch. Ein Leser bezeichnet diese Fabrikanten sogar als »Totengräber des Malerhandwerks«.

Doch so weit ist es – allen bösen Prognosen zum Trotz – dann doch nicht gekommen. Das Malerhandwerk gibt es noch, und die Schabloniermode erlebt zur Zeit ihre zweite Blüte. Sie wird nicht nur den privaten Hobby-Gestaltern ein fantasievolles Betätigungsfeld bieten, sondern der Malerzunft selbst eine neue, alte, die Malerarbeiten bereichernde Dekorationstechnik an die Hand geben. Damit steht die Zunft vor der erfreulichen Möglichkeit, der Schablonenmalerei erneut Professionalität zu geben, indem sie dieses Deko-Element wieder in ihr Repertoire aufnimmt.

9 Inserat aus: »Die Mappe – Deutsche Malerzeitung« von 1924. Eine von vielen Anzeigen der zahlreichen Schablonenfabrikanten.

TEIL I
MATERIAL UND TECHNIKEN

UNTERGRÜNDE

Bevor die Entscheidung für eine Dekoration, etwa einen Fries, fällt, muß geprüft werden, ob der Untergrund geeignet ist. Als Untergründe dienten in der Vergangenheit einigermaßen glatt verputzte Wände, auch Oberflächen mit kleinkörniger Putzstruktur, manchmal auch Holzwände.

Glatte oder feinkörnige Putzwände sind auch heute noch der ideale Haftgrund. Auf groben Oberflächen erscheinen die Muster in einem abweichenden Duktus, der nur selten gut aussieht. Rauhfaser eignet sich zwar, ermöglicht aber keine ganz scharfen Konturen. Tapeten ohne Oberflächenstruktur sind dann geeignet, wenn sie so fest kleben, daß sie zwei Anstriche für den Hintergrund vertragen. Präge-, Vinyl-, Textil- und sonstige Tapeten müssen entfernt werden, was meistens kleinere bis größere Putz- oder Spachtelarbeiten nach sich zieht.

Die heute gängigen Wandanstriche – Dispersions- und Mineralfarben – eignen sich als Untergründe für Vollton-, Plaka- und Acrylfarben zum Stupfen der Muster.

Man kann auch Pulverpigmente in verschiedenen Bindemitteln anrühren und so die Farben selbst herstellen. Das ist aber verhältnismäßig teuer und eher für den Profi-Maler geeignet, der diese Pigmente sowieso besitzt. Farben aus Pulverpigmenten sind in ihrer Leuchtkraft allerdings unübertroffen.

10 und 11 Die gleichen Schablonenmuster auf glattem Grund und auf Rauhfaser im Vergleich. Auf Rauhfaser sind keine ganz scharfen Konturen möglich. Trotzdem überzeugt das Resultat. Weniger filigrane Ornamente eignen sich auf Rauhfaser noch besser. Die Seite 100 und 101 zeigen eine Raumgestaltung mit dem oberen Ornament.

DIE SCHABLONE

12 Bei der oberen Schablone dienen die Punkte als Paßmarken. Sie sind in das Ornament integriert. Bei der unteren Abbildung dienen Teile aus dem Ornament als Paßmarken. Beim fertig gestupften Fries sind sie als solche nicht mehr zu identifizieren.

Man unterscheidet zwei Arten: Die einschlägige (= einfarbige) und die mehrschlägige (= mehrfarbige) Schablone. Jede Farbe hat ihren eigenen »Schlag«, ihre eigene Schablone.

DIE EINSCHLÄGIGE

Die *Einschlägige* ist für einen einfarbigen Fries gedacht. Dazu wird sie immer wieder hintereinander angelegt. Als Orientierungspunkte dienen die »Paßmarken«. Das sind speziell zum Anlegen in die Schablone gestanzte Löcher, die entweder zum Ornament gehören oder zusätzliche Punkte, die zum Schluß überstrichen werden. Auch Teile des Ornaments können Paßmarken sein. Sie werden natürlich nicht überstrichen.

Dann gibt es noch Schablonen, die auf Stoß angelegt werden (ohne Paßmarken). Damit das so exakt wie möglich funktioniert, liegt der Stoß häufig im längsten Ornamentteil.

DIE MEHRSCHLÄGIGE

Mit der *Mehrschlägigen* werden zwei- und mehrfarbige Friese gestupft. Dazu wird der erste Schlag hintereinander angelegt, bis sich Anfang und Ende des Musters treffen. Dann folgt der zweite, und so geht es weiter, jeder Schlag in einer anderen Farbe. Als Anlege- beziehungsweise Auflegepunkte für die folgenden Schläge dienen wieder die Paßmarken, die auch hier aus Punkten oder Teilen des Ornaments bestehen.

13 Ein Fries ohne Paßmarken (s. Abb. S. 46). Er wird auf Stoß angelegt. Das erfordert große Genauigkeit bei der Arbeit, damit am Ansatz kein Spalt beziehungsweise keine Überlappung entsteht. ▷

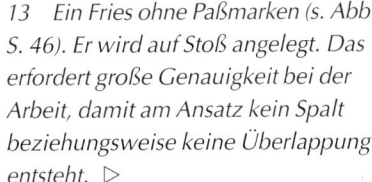

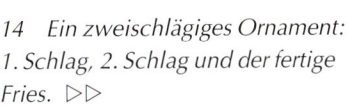

14 Ein zweischlägiges Ornament: 1. Schlag, 2. Schlag und der fertige Fries. ▷▷

Die *überlappende* Schablone ist eine *mehrschlägige*, bei der sich die Ornamentteile der einzelnen Schläge mehr oder weniger überlagern, so daß bei der fertig gestupften Bordüre die Konturen der einzelnen Schläge nicht immer genau zu erkennen sind. Damit sie trotzdem nachvollziehbar sind, gibt es für diese Schablonen in Teil II jeweils eine Zeichnung.

Bei überlappenden Schlägen ist die Reihenfolge obligatorisch. Sie wird in der Bildlegende genannt. Eine Verwechslung würde das Ornament entstellen oder ruinieren.

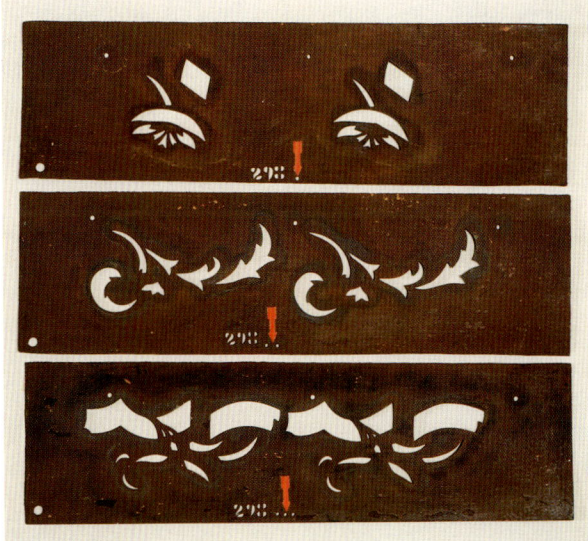

15   Eine Originalschablone mit drei Schlägen (drei Farben). Es sind zwei Rapporte nebeneinander ausgestanzt. Die Anzahl der Löcher hinter der Nummer (siehe Pfeile) bestimmt die Reihenfolge der Schläge. Eine Verwechslung würde das Erscheinungsbild entstellen oder gar ruinieren. (Das gilt nur für überlappende Schablonen.)

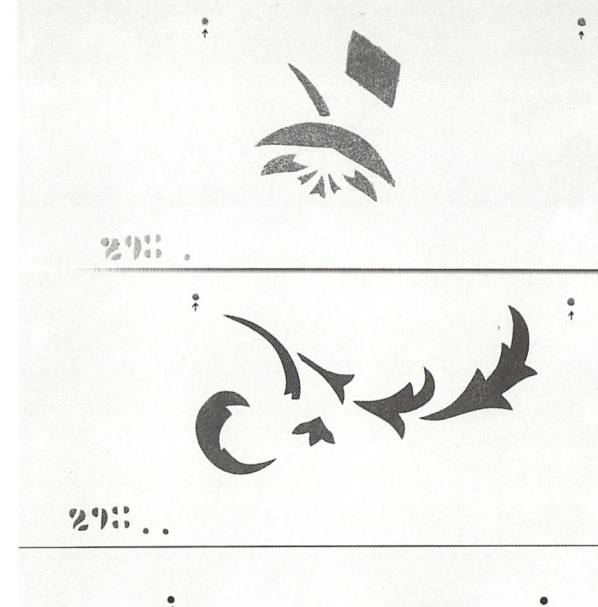

Mit der Genauigkeit der Paßmarken wird über das Gelingen der Arbeit entschieden. Das ist bei mehrschlägigen noch wichtiger als bei einschlägigen Schablonen (s. Abbildung 16).

Ein charakteristisches Merkmal der Schablone sind die Stege, auch Halter genannt. Sie verhindern, daß das Ornament auseinanderfällt und daß zu lange, dünne Bögen entstehen, die beim Stupfen federn. Stege wurden manchmal – ebenso wie die Paßmarken – nachträglich wegretuschiert oder mit speziellen Halterschablonen weggestupft. Meistens sind die Stege aber so gestaltet, daß sie zum Gesamteindruck dazugehören (s. Abbildung 17).

16   Hier die einzeln gestupften Schläge und darunter alle drei übereinander als fertiges Ornament mit nur einem Rapport. Seite 57 zeigt eine farbige Darstellung.

17 Bei dieser Jugendstilschablone deuten die Pfeile auf die Stege, auch Halter genannt, die die ganze Schablone zusammenhalten und verhindern, daß die langen, dünnen und dadurch instabilen Bögen beim Stupfen federn (was sonst zu unsauberen Konturen führt). Die Stege sind so gesetzt, daß sie sich harmonisch in das Ornament einfügen, ihm sogar das charakteristische Aussehen geben. Seite 109 zeigt einen Raum, der mit dieser Schablone geschmückt wurde.

WERKZEUGE UND MATERIALIEN

18 Werkzeuge und Materialien zum Schablonieren, Linieren und Sprenkeln:

1 Karton als Mehrzweckutensil: zum schablonieren und linieren üben, die Farbigkeit ausprobieren, Pinsel abstreifen
2 Kreppband für diverse Zwecke
3 und 4 Spitzpinsel und kleiner Borstenpinsel zum Retuschieren und für Hintergrund-Ausbesserungen
5 Lackierpinsel für die Graniertechnik, für Bänder und zum Schablonenlackieren (Pappe)
6 Stupfpinsel, gibt es in verschiedenen Größen
7 Runder, weicher Schablonierpinsel für die Streichtechnik
8 Mehrere Schablonierfarben
9 Teller für kleinere Farbmengen
10 Wasserwaage und
11 Lot werden nur für wandfüllende Schablonierung gebraucht
12 Zollstock zum Ausmessen und
13 Schlagschnur zum Markieren an der Wand
14 Helles Pulver für die Schlagschnurbox-Füllung
15 Besen und
16 Gummihandschuh für die Sprenkelfassung
17 Hintergrundfarbe (Wandfarbe) zum Ausbessern von Klecksen
18 Linierfarbe, etwas flüssiger als die Schablonierfarbe
19 zwei verschieden breite Strichzieher für unterschiedlich breite Linierung
20 Holzlineal für die Linierung.

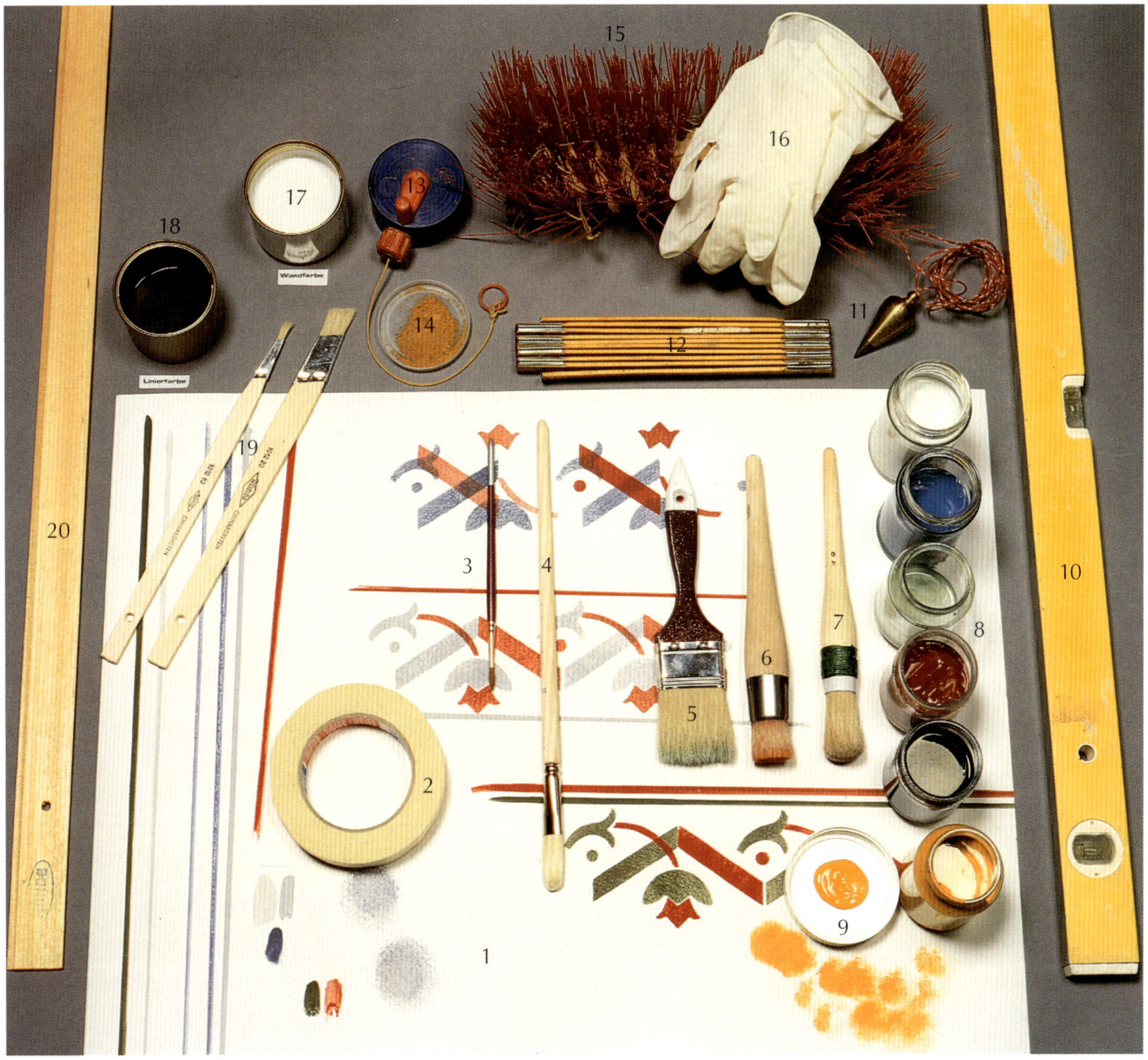

Die Schablone 13

19 Werkzeuge und Materialien für die Schablonenherstellung:
1 Feste Unterlage aus Hartfaser (Preßspan) auf einer Seite und Resopal auf der anderen Seite zum Schneiden und Stanzen
2 Hammer
3 Stanzeisen in verschiedenen Durchmessern
4 Schablonenschneidemesser
5 Bleistift
6 Radiergummi
7 Geodreieck
8 Schere
9 Metallineal mit Schneidekante
10 Kunststoffolie
11 Fotokopie vom Ornament
12 Graphitpapier
13 Schablonenkarton (0,3 bis 0,5 Millimeter dick)
14 Lack für den Karton
15 Lackierpinsel.

SCHABLONE HERSTELLEN

Das aus diesem Buch ausgewählte Ornament wird mit Hilfe des Kopierers auf die gewünschte Größe kopiert. Diese sollte mit der Raumgröße harmonieren.

Mein Tip: Verschiedene Größen fotokopieren, provisorisch an der Wand befestigen und aus der Entfernung betrachten.

SCHABLONE AUS KARTON

Mit Graphitpapier und spitzem Bleistift wird das Ornament der Fotokopie auf den etwa 0,3 mm dicken Karton übertragen. Achtung: Bei zu dickem Karton erscheinen später die gestupften Ornamentteile etwas kleiner und sehr kleine Ornamentteile nur noch schemenhaft!

Für jede Farbe ist ein separater Karton mit dem Schablonenschneidemesser auszuschneiden. Als

20 Fertigung einer Schablone aus Karton: Zwischen Karton und Fotokopie liegt das Graphitpapier, gegen Verrutschen mit Kreppband fixiert. Die Konturen werden mit dem spitzen Bleistift genau nachgezogen.

21 So wird eine Schablone aus Kunststoffolie gefertigt: Die Folie liegt auf der Fotokopie. Die Konturen werden mit dem spitzen Bleistift exakt nachgezogen.

22 Mit dem Schablonenschneidemesser wird auf harter Unterlage der Karton beziehungsweise die Folie ausgeschnitten. Dabei werden die Bleistiftkonturen mit weggeschnitten, da sonst die einzelnen Ornamentteile zu klein und die Zwischenräume zu groß geraten.

23 Die Löcher für die Paßmarken und die – manchmal zahlreichen – Löcher (siehe Foto) im Ornament lassen sich mit dem Stanzeisen leicht, schnell und exakt lochen. Folie benötigt dazu eine sehr harte Unterlage. Resopal oder ein vergleichbarer harter, glatter Kunststoff sind bestens geeignet.

Schneideunterlagen eignen sich feste Pappe, Preßspanplatte, feste Kunststoffe und Holz. Beim Schneiden darauf achten, daß der Strich mit weggeschnitten wird, da man sonst die Ornamentteile ungewollt verkleinert. Löcher werden mit dem Stanzeisen gelocht. Hierzu ist eine harte Unterlage erforderlich – gut geeignet sind Resopal und ähnliche harte, glatte Kunststoffe.

Der fertig geschnittene Karton wird mit einem Lack vor feuchter Farbe geschützt. Zapponlack (eigentlich für Metall gedacht, funktioniert aber auch bei Pappe) trocknet sehr schnell, so daß in kurzer Zeit auf Vor- und Rückseite die benötigten vier Lackaufträge möglich sind. Es eignet sich aber auch jeder andere dünnflüssige Lackrest, den man noch zu Hause hat. Seine Trocknungszeit steht auf der Dose. Die Pappschablone ist nun resistent genug, um damit Friese in mindestens zwei Räumen zu stupfen.

SCHABLONE AUS KUNSTSTOFFOLIE

Sie ist robuster, läßt sich öfter reinigen und ist daher für wandfüllende Schablonierungen eher geeignet. Da sich kleine Öffnungen schnell zusetzen, ist der Reinigungsaspekt bei filigranen Mustern wichtig. Die Folie ist zwischen einem Drittel und einem halben Millimeter dick und sollte flach gelagert gewesen sein. (Folien von der Rolle verlieren ihre Krümmung nicht und federn beim Stupfen, was unsaubere Konturen zur Folge hat.) Da die Folie durchsichtig ist, legt man sie auf das fotokopierte Ornament und zieht die Konturen mit einem spitzen Bleistift nach.

Zum Schneiden eignen sich die gleichen Unterlagen wie für Karton. Löcher lassen sich aber nur auf sehr festen Unterlagen stanzen: Resopal oder anderen festen, glatten Kunststoffen. Am besten holt man sich im Baumarkt in der Holzzuschnittabteilung einen Rest einer Küchenarbeitsplatte, die eine Hartfaser(Preßspan-)- und eine glatte Kunststoffseite hat. Darauf lassen sich beide Schablonenmaterialien schneiden und stanzen.

24 Diese Originalschablone zeigt drei Rapporte hintereinander. Damit ist sie mit ihrer Gesamtlänge von 62 Zentimetern zu unhandlich. Ein kleiner Rapport darf sich aber mehrmals wiederholen, wenn dabei die Gesamtlänge von 35 bis 40 Zentimetern nicht überschritten wird. Das ist ein handliches Format.

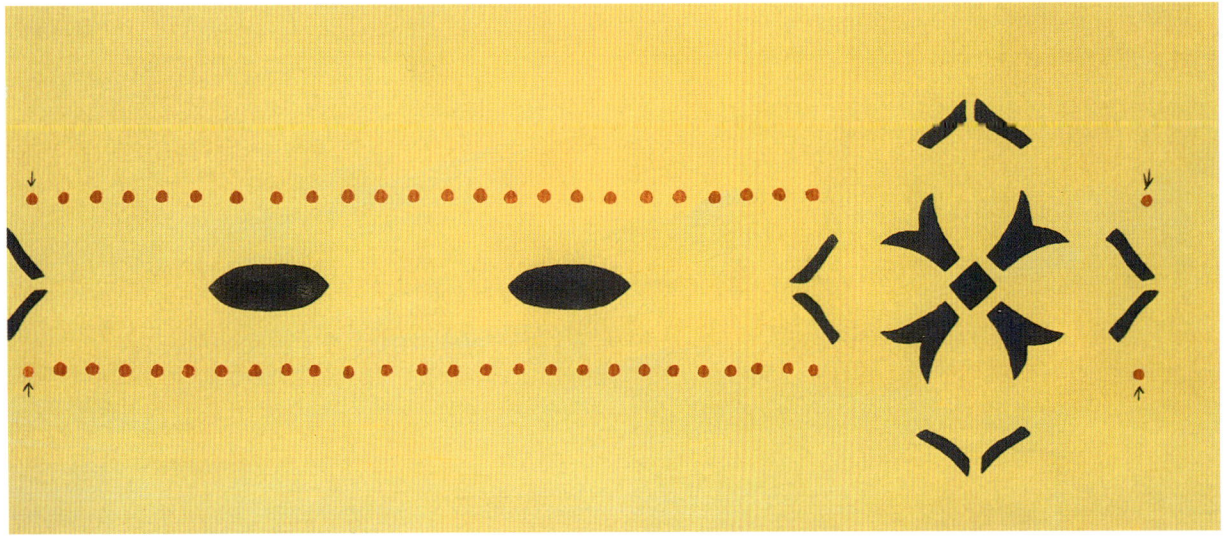

25 Im Original ist dies eine einschlägige Schablone. Die Ornamentteile liegen aber so weit auseinander, daß man sie auch zweifarbig stupfen kann.

Bei sehr kleinen Mustern werden zwei bis drei Rapporte (Musterfolgen) auf eine Schablone übertragen, beziehungsweise gerade so viele, daß die Schablone auch weiterhin noch ein handliches Format behält.

Bei einem zweifarbigen, aufgelockerten Muster kann auch das komplette Ornament auf einer Schablone ausgeschnitten werden. Gegebenenfalls wird dann beim Stupfen der ersten Farbe der zweite Schlag mit Kreppband zugeklebt und umgekehrt.

26   Eine fünfschlägige Originalschablone mit Farbresten. Farbige Abbildungen auf den Seiten 2 und 83.

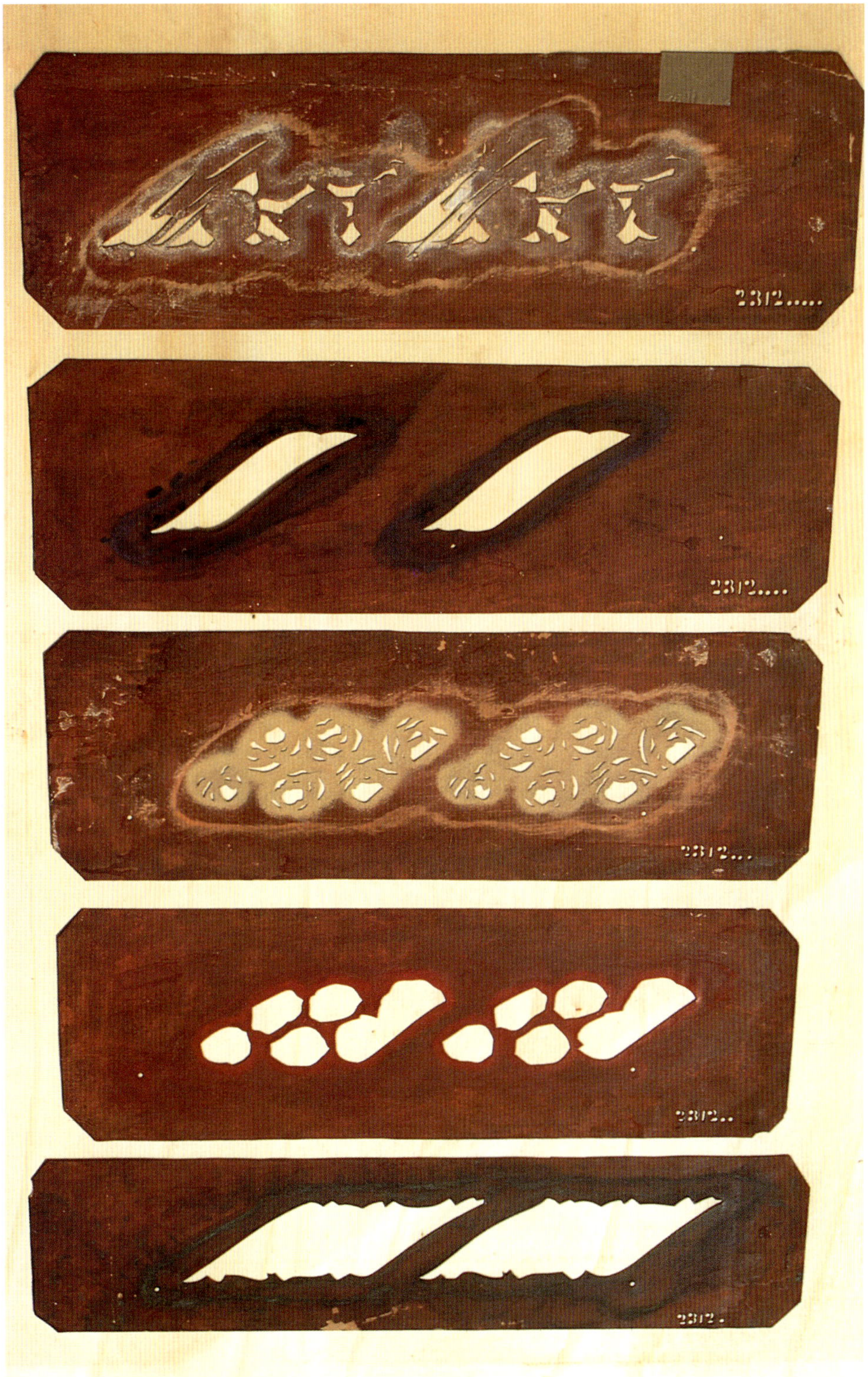

27   Eine dreischlägige Originalschablone. Darstellung auf Seite 70.

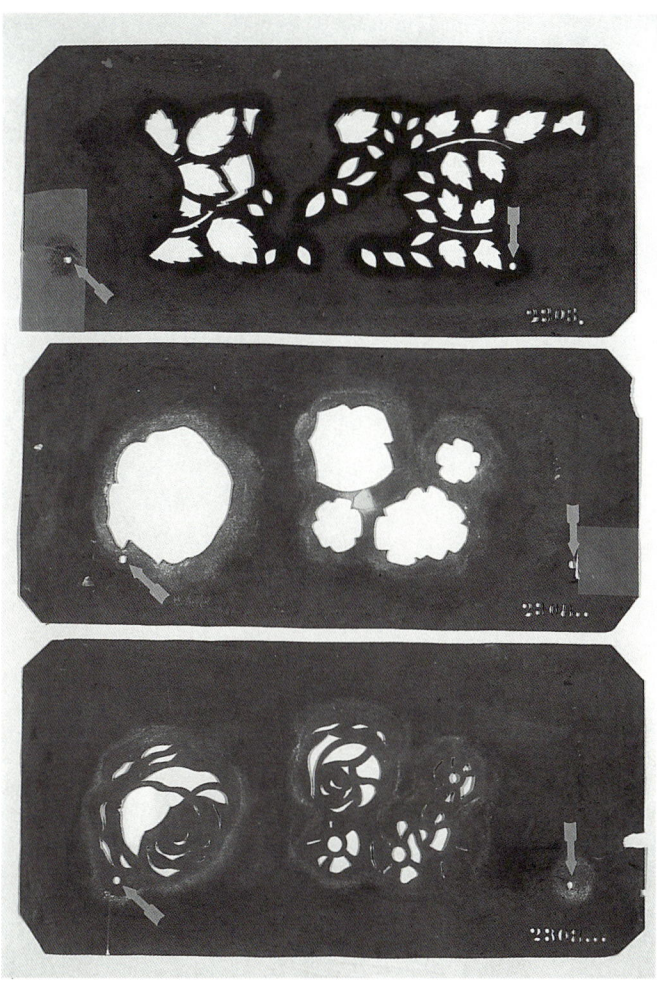

Die Schablone   17

DIE FARBIGKEIT

Für das Ornament werden Farben gewählt, die zur Wandfarbe passen und mit der Einrichtung harmonieren. Da sich das bei mehrfarbigen Friesen allein durch die Farbharmonie nicht sicher bestimmen läßt, wird ein Muster angefertigt. Als Untergrund dient dafür ein fester, glatter Karton (ca. 1 mm dick, darf sich beim Bestreichen mit der Wandfarbe nicht wellen). Nach dem Trocknen der Untergrundfarbe wird das Ornament in der gewünschten Farbigkeit gestupft. Das Ergebnis kann positiv (und negativ) überraschend ausfallen, denn nicht nur die Farbkombination, auch die Form des Ornaments hat erheblichen Einfluß auf die Gesamtwirkung. Der Karton sollte so groß sein, daß man auch einen zweiten oder dritten Versuch starten kann und auf jeden Fall so groß, daß er einen Eindruck vermittelt, wenn man ihn zur Begutachtung an die Wand hält.

FARBEN MISCHEN

Das ist in erster Linie Übungssache. Wer es sich nicht zutraut, sollte versuchen, mit dem umfassenden Angebot an fertigen Tönen zu arbeiten. Damit lassen sich sehr schöne Ergebnisse erzielen. Wenn man von vornherein Farbtöne kauft, die der eigenen Vorstellung schon sehr nahe kommen, läßt sich das Mischen reduzieren.

Ist die erforderliche Menge gemischt, der gewünschte Ton aber noch längst nicht erreicht, wird mit nur einem Teil der Farbmenge weiter probiert. Anderenfalls erhält man zum Schluß ein Vielfaches der benötigten Menge. Kommt der angestrebte Farbton einfach nicht zustande, ist es einfacher, noch einmal von vorne zu beginnen. Farben verändern sich beim Trocknen, meistens werden sie heller (Ölfarben werden allerdings dunkler). Deshalb sind nur getrocknete Muster aussagekräftig. Grundsätzlich gilt: Je mehr gemischt wird, um so graustichiger wird das Ergebnis, die Leuchtkraft schwindet. Da grelle Farben aber seltener gewünscht sind, ist der Graustich nicht unbedingt ein Nachteil.

Der Farbmengenbedarf ist gering. Für 20 laufende Meter (ein Raum von vier mal fünf Meter) bei einem 15 Zentimeter hohen Fries, der deckend gestupft wird, reichen 200 Kubikzentimeter Farbe.

Mein Tip: Von allen Farben etwas mehr herstellen und nur einen Teil zum Arbeiten an der Wand abfüllen. Falls ein Glas umkippt, erspart der kleine Vorrat mühseliges Nachmischen. Außerdem: Entscheidet man sich zusätzlich zum Muster für eine Linierung, ist eine Farbe aus der Schablonenskala immer passend und steht dann schon bereit.

Viskosität: Plaka- oder Volltonfarbe mit Wasser circa 1:1 vermischen.

FARBE FÜR DIE LINIERUNG

Eine Linierung als Ornamentbegleitung paßt fast immer und ist als Trennung zwischen Wand- und Deckenfarbe gar nicht wegzudenken. Als Farbtöne kommen in Frage: Bei einem einfarbigen Fries die gleiche Farbe, bei einem mehrfarbigen jede darin enthaltene Farbe – und des weiteren für beide die Wandfarbe, aber etwas dunkler, oder eine Kontrastfarbe. Fällt die Wahl auf einen Farbton aus dem Friesmuster, wird davon zweckmäßigerweise gleich etwas mehr angemischt. Die Linierung kann deckend oder lasierend sein. Nur eine relativ dünnflüssige Farbe läßt sich sauber linieren, denn sie muß gut »laufen«, eventuell kann man etwas Wasser hinzufügen: Plaka- oder Vollton-(Abtön-)Farbe ist mit Wasser im Verhältnis 1:3 zu verdünnen.

Die Viskositätsangaben sind nur als Richtwerte zu verstehen, die nicht ausschließen sollen, daß mancher lieber mit flüssigeren oder festeren Konsistenzen arbeitet.

ABSCHNÜREN MIT DER SCHLAGSCHNUR

28 So erreicht man einen geraden Verlauf des Frieses an der Wand: Die Kreidelinie der Schlagschnur zeigt das gewünschte Niveau an. Der Strich auf der Schablone fluchtet mit der Kreidelinie. 1 Schlagschnurlinie, 2 Schablonierung, 3 Schablone mit Markierungslinie.

29 Wird die Bordüre von einer Linierung begleitet, wird zuerst entlang der Kreidespur liniert. Diese Linie dient dann als Orientierung und fluchtet mit dem Strich auf der Schablone. 1 Schlagschnurlinie, 2 Linierung, 3 Schablonierung, 4 Schablone mit Markierungslinie.

Zunächst wird festgelegt, in welcher Höhe das Ornament verlaufen soll. Direkt unter die Decke gesetzt, sieht es plump aus; etwa eine Handbreit darunter ist ein Richtwert. Die gewünschte Höhe wird in allen Zimmerecken mit dem Zentimetermaß ausgemessen und mit Bleistift markiert. Da es ungleich hohe Wände gibt, wird notfalls um ein paar Zentimeter gemogelt. *Wichtig:* Die nun auszuführenden Schlagschnurlinien müssen sich in den Ecken *in gleicher Höhe* treffen! Die Schlagschnur wird aus ihrer Box, die man mit hellem Pulver füllt (Malerbedarf) gezogen und färbt sich dabei selbst. Zwei Personen spannen die Schnur von Ecke zu Ecke, eine von beiden zieht die Schnur mit ausgestrecktem Arm etwa 20 bis 30 Zentimeter waagerecht von der Wand weg und läßt sie zurückschnellen. Sie hinterläßt eine gerade Kreidelinie.

An allen Wänden ist so zu verfahren. Bei einer sehr buckeligen (Altbau-)Wand wird die Schnur nur mäßig gespannt, da sie sonst nicht in die Tiefen schnellt.

Diese Kreidelinie dient zum Anlegen der Schablone, damit der Fries nicht in Wellenlinien verläuft. Wurde die Linie als Ornament-Oberkante gedacht, zeichnet man auf der Schablone oberhalb des Ornaments diese Linie ein (und umgekehrt für unten). Die Schablone wird dann so angelegt, daß ihr Strich und die Kreidelinie fluchten.

Soll das Ornament von einer Linierung begleitet werden, bietet es sich an, zuerst zu linieren und dann diese Linie zum Anlegen zu benutzen. In diesem Fall muß der Strich auf der Schablone da verlaufen, wo die Linierung gewünscht ist – also im entsprechenden Abstand zum Ornament (wahlweise oben oder unten).

Da sich die Kreide beim Linieren mit der Farbe vermischt, ist helle Kreide zu empfehlen. Sie verändert den Farbton nicht so stark wie schwarze. Um diese Vermischung möglichst gering zu halten, wird überschüssiges Pulver vor dem Linienziehen weggepustet oder mit weichem Pinsel abgekehrt.

LINIEREN

Die Linierung ist ein beinahe unverzichtbares Stilelement. Sie wirkt elegant und bietet viele Möglichkeiten, eine Wand oder eine Ecke attraktiv zu gestalten. Schon eine einzelne Linie zeigt Wirkung. Ob sie über oder unter dem Ornament verläuft, hängt davon ab, ob es ein hängendes oder stehendes Motiv ist.

Zum Linieren benutzt man spezielle Holzlineale mit Fase (abgeschrägte Kante). Sie verhindert, daß Farbe hinter das Lineal gerät und die Wand verkleckst. Das heißt: Beim Linieren zeigt die Fase zur Wand.
Den Strichzieher, einen Spezialpinsel (s. Abb. 18, Nr. 19), nur mit den Borsten in die Farbe tauchen, vorsichtig ansetzen und mit leichtem Druck am Lineal entlang ziehen, bis die Farbe aus ist. Dann wieder den Pinsel eintauchen und auf dem heller gewordenen Strichende neu ansetzen und die Linie fortsetzen. Es ist gleichmäßiger Druck auf den Strichzieher auszuüben, sonst ergibt sich eine mal breitere, mal schmalere Linie. Nur beim Ansetzen etwas weniger Druck geben, denn jetzt hat der Pinsel noch viel Farbe in den Borsten, und die Linie würde dadurch an jedem neuen Ansatz zu dunkel geraten. Dies alles hört sich komplizierter an, als es ist, aber dennoch ist zu raten, an senkrecht an der Wand aufgeklebtem Packpapier oder auf dem Übungskarton (s. Abb. 18, Nr. 1) einige Linien zu ziehen, wenn man's vorher noch nie gemacht hat. Das richtige Fortsetzen der Linie, der gleichmäßige Pinseldruck und die richtige Farbmenge im Pinsel sind reine Routine.

30   Das große Ornament sitzt nur in den Zimmerecken. Zwei Linien verbinden die Eck-Blumen.

31   Decken-Wand-Gestaltung mit Linien und Bändern.

32   Sehr aufwendige Malerei mit verschieden breiten Linien, Bändern und einem marmorierten Band an der Decke, passend zu den Fensterleibungen.

33 Die Wandfarbe geht in die Decke über und trennt mit zwei Linien zur Deckenfarbe ab.

34 An der Decke: Teil vom Ornament Seite 47 in jeder Ecke. Mit vier verschiedenfarbigen und unterschiedlich breiten Linien verbunden – sehr feine Wirkung. ▷▷

35 Linieren: Das Holzlineal zeigt an der zu linierenden Seite mit der Fase (abgeschrägte Kante) zur Wand. Eine Hand drückt mit weit gespreizten Fingern das Lineal an die Wand. Der Strichzieher wird am Ende gehalten und mit leichtem Druck am Lineal entlang geführt, bis die Farbe zu Ende geht.

Für unterschiedlich breite Linien gibt es verschieden große Strichzieher. Ganz breite Linien, Bänder genannt, werden so gemalt: Oberen und unteren Bänderrand mit der Schlagschnur markieren, mit dem Strichzieher nachziehen und die Mitte mit einem entsprechend breiten Pinsel ausmalen.

Für Ungeübte geht folgende Methode einfacher: Die Kanten des Bandes mit der Schlagschnur markieren, mit Klebeband abkleben, ausmalen, Klebeband abziehen.

36 Um einen breiten Farbstreifen, ein »Band« zu malen, werden die beiden Seiten entlang der Schlagschnurlinie liniert und die Mitte mit dem breiten Lackierpinsel ausgemalt.

37 Auch eine Möglichkeit, ein Band zu malen: Entlang der Schlagschnurlinie mit Kreppband abkleben und die Mitte mit dem Pinsel ausmalen, Kreppband abziehen. ▷▷

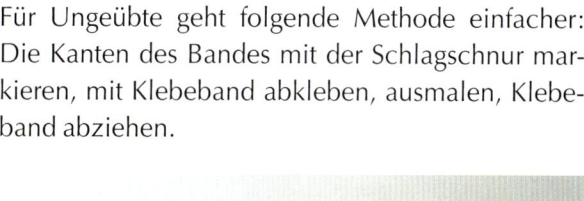

Linieren 21

SCHABLONIEREN

Um ein eventuelles Malheur zu vermeiden, wird – ebenso wie beim Linieren – vorher auf dem Übungskarton trainiert. Es stehen vier grundlegende Maltechniken zur Auswahl: Jede hat ihre Eigenheiten in der Arbeitsweise und ihren charakteristischen Duktus.

DECKEND STUPFEN

Der trockene Stupfpinsel wird mit den Borstenspitzen in die Farbe getunkt, überflüssige Farbe wird auf einer Pappe abgestreift und auf derselben durch die Schablone probegestupft. Kleckst der Pinsel zu sehr, ist er noch zu naß – das bedeutet: nochmals abstreifen und stupfen. Hinter die Schablone darf keine Farbe geraten. Dieses Probestupfen erfolgt nach jeder Farbaufnahme – auch wenn man schon an der Wand arbeitet. Das Gefühl für die richtige Farbmenge im Pinsel stellt sich sehr bald ein, erspart aber nie das Abstreifen und mindestens einen Probestupfer.
Nach der Stupfprobe wird das Ornament durch die Schablone so lange gestupft, bis die Farbe deckend erscheint; besonders wichtig ist das entlang der Ornamentkanten. Hat das Muster große Flächen (größer als der Pinseldurchmesser), ist es sinnvoll, in der Flächenmitte zu beginnen. Sollte der Pinsel doch noch zu naß sein, kann er hier kein Unheil anrichten, und es ist noch nicht zu spät, ihn noch einmal abzustreifen.
Mein Tip: Die Schablone beim Arbeiten an der Wand mit Kreppband festkleben. Eine Hand hält den Pinsel, die andere drückt die Schablone an die Wand, damit sie nicht federn kann. Das gilt auch für die folgenden drei Techniken.

LASIEREND STUPFEN

Das funktioniert auf die gleiche Weise wie vorweg beschrieben, nur wird weniger Farbe aufgetragen, so daß der Untergrund noch durchschimmert. Die Stupffarbe darf etwas dünnflüssiger sein. Bei dieser Technik besteht das Können darin, einen gleichmäßigen, nicht fleckigen Farbauftrag zu erzielen.

STREICHEN

Diese Methode erfordert weniger Kraftaufwand und weniger Zeit, hat aber andere Tücken: Durch die streichende, leicht kreisende Pinselbewegung gelangt eher Farbe hinter die Schablone, wenn diese nicht ganz flach anliegt und wenn der Pinsel nur etwas zu viel Farbe enthält! Es wird mit einem runden Pinsel gearbeitet, der mit längeren und weicheren Borsten besetzt ist. Das Ornament erscheint genauso deckend wie beim deckenden Stupfen – optisch besteht kein Unterschied.

GRANIEREN

Die beiden Voraussetzungen sind ein glatter Putz und ein Ornament mit großflächigem Muster. Beim Granieren wird die Farbe mit einem Lackierpinsel, der nur an den Spitzen leicht benetzt ist, weich über die Schablone gestrichen, so daß der Pinselstrich zu sehen ist.

Wichtig: Den Pinsel immer vorher auf der Pappe abstreifen, bis er die gewünschte Borstenstruktur erzeugt! Es darf aus unterschiedlichen Richtungen gestrichen werden, aber nicht zu intensiv, da ein lasierender Charakter erreicht werden soll. Bei dieser Methode ist besonders darauf zu achten, daß alle Winkel ausgemalt werden. Hier gilt: Je dünner die Schablone, um so besser werden diese Ecken und Winkel erreicht.
Die sicherste Methode ist für den Laien in jedem Fall die erste, das deckende Stupfen. Die weiteren drei Techniken setzen etwas mehr Fingerspitzengefühl voraus, was sich allerdings mit einiger Übung auch erlernen läßt.
Bei den Stupfübungen auf dem Karton läßt sich gleich auch ausprobieren, ob die Paßmarken an der richtigen Stelle sitzen. Falls nicht: Mit Kreppband von beiden Seiten zukleben und neu plazieren.

38 Schablonieren durch Stupfen: Der runde Pinsel mit den kurzen Borsten wird mit hämmernder Bewegung senkrecht so oft auf die Schablonenöffnung gestupft, bis die Farbe deckt.

39 Schablonieren durch Streichen: Der runde Pinsel mit den langen Borsten wird mit streichend-kreisender Bewegung geführt. Dabei wird die Schablone besonders stark an die Wand gedrückt.

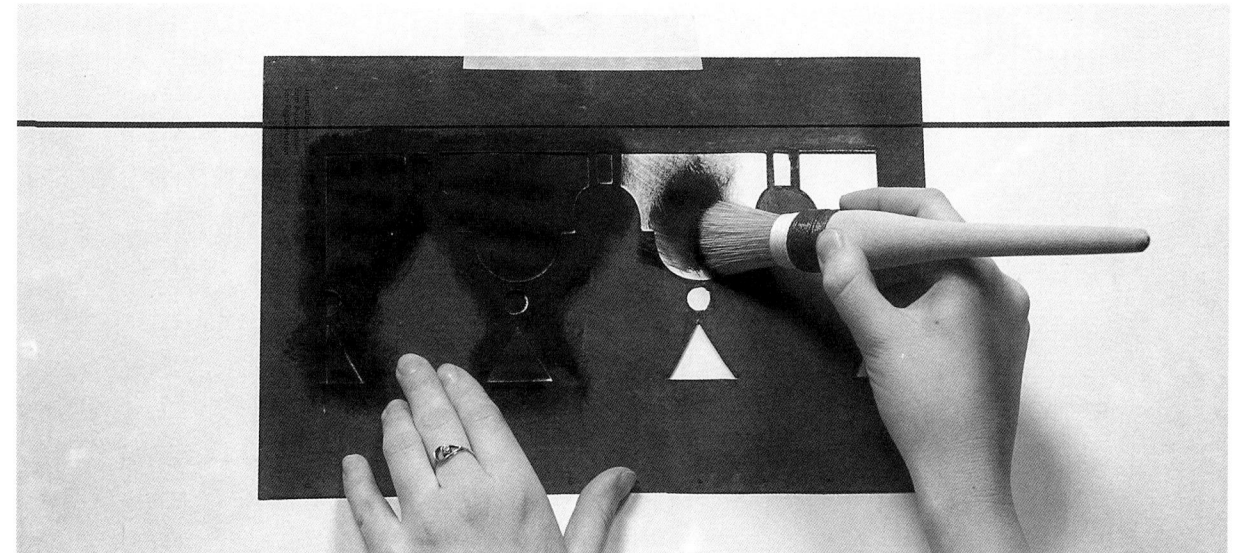

40 Granierend schablonieren: Der breite Lackierpinsel mit den fransigen Borsten wird sanft über die Schablone gestrichen, so daß der Pinselstrich zu erkennen ist. Es wird so dünn gestrichen, daß der Untergrund durchschimmert, denn nur der lasierende Charakter läßt den Pinselstrich erkennen.

SPRITZMETHODEN

Die vier herkömmlichen Pinseltechniken zum Schablonieren führen rasch zu der Überlegung, ob Spritzen oder Sprühen nicht schneller und bequemer funktioniert. Doch es gibt einsichtige Gründe, warum diese gängigen Schabloniertechniken in geschlossenen Räumen erhebliche Nachteile haben. Gegen Ende des 19. Jahrhunderts wurde die Spritzpistole erfunden, die hauptsächlich für besondere Effekte mit Negativschablonen verwendet wurde. Das heißt, nicht das Ornament wurde aus der Mitte der Pappe herausgeschnitten, sondern seine äußeren Konturen – nicht das Ornament erschien farbig, sondern seine Umgebung. Mit der Spritzpistole wurde die ganze Schablone übersprüht, so daß die Konturen scharf und die Übergänge zur Wand weich und fließend erschienen. Die Umgebung abzudecken, wie es bei der Positivschablone nötig ist, entfiel dabei.

Wollte man die hier im Buch gezeigten Positivschablonen in Spritztechnik (z. B.: Airbrushverfahren) darstellen, müßten diese sehr breite Ränder haben, was ihre Handhabung erschwert; oder die Umgebung müßte bei jedem neuen Anlegen aufwendig wieder abgedeckt werden. Die Arbeitserleichterung durch das Spritzen bringt deshalb keinen Zeitvorteil und kostet zusätzlich Abklebematerial. Da die meisten geeigneten Farben giftige Lösemittel enthalten, sind geschlossene Räume nicht der richtige Platz.

Die teuren Spritzgeräte setzen viel Erfahrung in ihrer Handhabung voraus. Alles in allem ist diese Technik also keine Alternative zu den Pinselarbeiten.

Ähnliches gilt für die leicht zu handhabenden, aber teuren Sprühdosen. Der giftige Sprühnebel und die umständliche Abdeckarbeit machen kleine Vorteile zunichte.

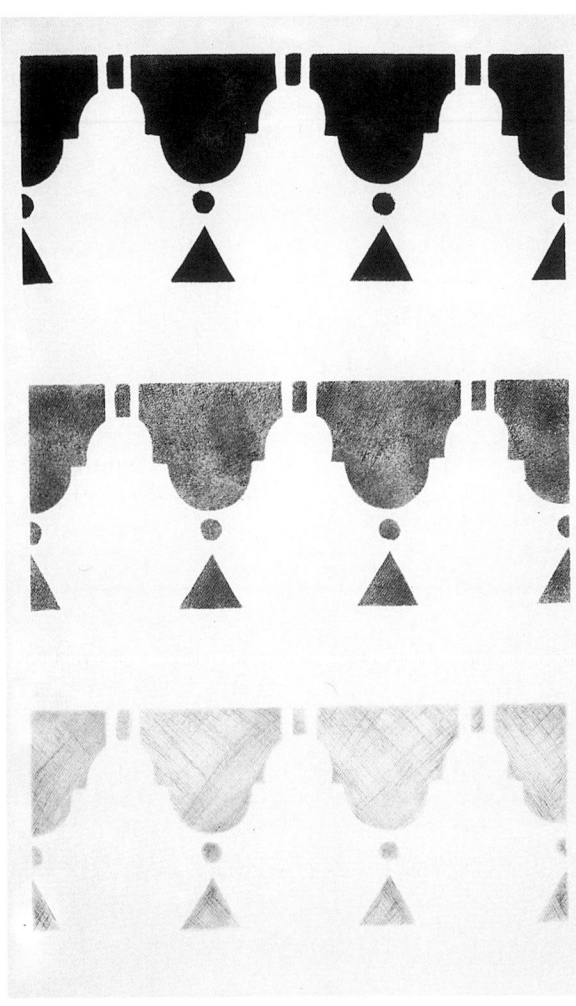

41 Alle Schabloniertechniken im Vergleich. Oben: Deckend gestupft und Streichen haben das gleiche Erscheinungsbild. Mitte: Lasierend gestupft = gleichmäßig dünn gestupfte Farbe. Unten: Graniert = Der Pinselstrich ist zu sehen, der Untergrund schimmert durch.

SCHABLONIEREN AN DER WAND

SCHABLONIERTE BORDÜREN

Eine Leiter ist dafür denkbar unpraktisch, da das Arbeitsmaterial nicht abgestellt werden kann und der Aktionsradius sehr begrenzt ist. Ein Tisch eignet sich am besten.

Folgendes Arbeitsmaterial gehört auf den Tisch: Die Schablone, die Schablonierfarbe, ein Teller, um die Farbe portionsweise darauf zu schütten, Kreppband, Stupfpinsel und Pappe, um überflüssige Farbe abzustreifen und probezustupfen.

Eine eventuelle Linierung kann vorher oder nachher mit der Leiter erfolgen. Bequemer ist allerdings der Tisch. Die Leiter muß zu oft versetzt werden. Wird die Linierung vom Tisch aus mit erledigt, kommen noch Linierfarbe, Holzlineal und Strichzieher zum Material hinzu.

In der unauffälligsten Raumecke wird begonnen, denn hier kommt man nach der Zimmerumrundung wieder an und muß sich etwas einfallen lassen, wie Anfang und Ende passend zusammengefügt werden, wenn das Muster nicht genau ausgeht – und das ist meistens der Fall. Der unauffälligste Punkt im Raum ist meistens in den Ecken rechts oder links neben der Eingangstür oder an einem Mauervorsprung (Kamin).

Etwa fünf Rapportlängen (ein Rapport = ein komplettes Ornament) vor dem Treffpunkt wird ausgemessen, wie das Muster ausläuft. Bei kurzen Rapporten ist es viel einfacher, eine Lösung zu finden als bei langen. Bei Bedarf wird gemogelt. Durch Dehnen oder Zusammenschieben der Abstände zwischen den Rapporten lassen sich ein paar Zentimeter herausholen. Reicht das nicht, wird zu rabiateren Mitteln gegriffen. Das heißt, ein Teil wird aus dem Ornament weggelassen beziehungsweise ein Teil eingefügt. Dafür wählt man denjenigen Part, der sich am harmonischsten manipulieren läßt. Dramatisch wird diese Mogelei nicht, denn außer dem »Täter« wird das niemandem auffallen, den man nicht selbst darauf aufmerksam gemacht hat.

Bei mehrschlägigen Schablonen gibt es zwei Arbeitsmöglichkeiten: Mit jedem Schlag eine Runde vollenden oder nach dem Aktionsradius arbeiten, den eine Tischlänge bietet. Das heißt, eine Tischlänge mit dem ersten Schlag, dann mit dem zweiten und so fort. Das ist möglich, da die Farbe sehr schnell trocknet, so daß innerhalb kurzer Zeit ein Schlag auf den anderen gesetzt werden kann. Die zweite Methode ist in jedem Fall empfehlenswert, da der Tisch nicht so oft verrückt werden muß. Arbeitet man gleichzeitig an mehreren Schlägen, wird für jede Farbe ein eigener Pinsel benötigt.

Bei der ersten Farbe (erster Schlag) werden die Paßmarken mitgestupft. Bei jedem weiteren Schlag dienen sie nur noch als Sichtfenster zum Anlegen. Bei manchen Ornamenten werden sie bei einem der folgenden Schläge mit ihrer endgültigen Farbe gestupft. In so einem (seltenen) Fall handelt es sich immer um Punkte als Paßmarken.

Unzugängliche Ecken lassen sich nur schwierig stupfen. Pappschablonen sind hier leichter zu handhaben, da sie sich rechtwinklig knicken lassen. Folien federn dagegen zurück. Allzu komplizierte Partien kann man auch auslassen und später mit dem Spitzpinsel freihand ausmalen. Zum Schluß werden noch die fast unvermeidlichen Kleckse mit der Wandfarbe wegretuschiert.

42 Beispiel für eine gelungene »Mogelstelle«. Hier begegnen sich Anfang und Ende. Unauffällig: Das Blatt (Pfeil) wurde an »falscher« Stelle eingesetzt.

43 Zimmer mit wandfüllender Schablonierung, Fries, Linierung und einfarbigem Sockel. Gestaltung nach Befund. Fassung circa 1870.

WANDFÜLLENDE SCHABLONIERUNG

44 und 45   Oben: Ein kompletter Rapport mit vier Paßmarken. Unten: Eine Fläche mit mehreren Rapporten. Das Geodreieck und die Linien verdeutlichen, daß die Paßmarken immer im rechten Winkel zueinander sitzen müssen.

Da das Muster nach allen Seiten fortsetzbar ist, spielt es auch keine Rolle, wo man anfängt. Die meist vier Paßmarken werden entsprechend angelegt. Sie sitzen immer im rechten Winkel zueinander.

Für das Zusammentreffen der Ornamente wählt man wieder die unauffälligste Stelle im Raum. *Günstig:* Über einer Tür ist die Ornamentik nur 30 bis 40 Zentimeter hoch und muß hier nur über diese kurze Distanz zusammengepuzzelt werden. Diese Anpassungsaufgabe stellt sich nicht, wenn die Raumecken ausgespart werden. Eine Linierung rechts und links der Ecken macht das möglich. Damit ist jede Wand für sich ein eigenständiges Feld. Das Muster hört an der Linie so auf, wie es sich ergibt, was wiederum zur Folge hat, daß sich auch die Fingerakrobatik in den Ecken erübrigt. Die Arbeitsweise ist die folgende: Die Senkrechte abschnüren, abkleben, stupfen, Klebeband entfernen und linieren.

Der obere Abschluß reicht nie genau bis zur Decke. Hier drei Beispiele, wie das obere Ende gestaltet sein kann:
Erstens: Der Rapport wird oben »abgeschnitten«, das heißt, durch eine Linierung begrenzt. Reihenfolge: die obere Kante abschnüren, abkleben, stupfen, das Klebeband abziehen, linieren.

Zweitens: Der Rapport wird oben abgeschnitten, eine Linierung und ein Fries bilden den oberen Abschluß. Reihenfolge: Abschnüren, Abkleben, Stupfen, Klebeband entfernen, Linieren, Fries zwischen die Linien stupfen.

46 Bei wandfüllender Schablonierung dürfen die Ecken ausgespart werden, wenn sie durch senkrechte Linien abgegrenzt sind. Das Foto zeigt einen Raum aus einem Haus in Schwimbach vor der Restaurierung. Die Fassung ist zwischen 1900 und 1910 entstanden. Heute befindet sich das Haus im Fränkischen Freilichtmuseum, Bad Windsheim. Es wurde dort neu aufgebaut und restauriert.

47 Ebenso wie ein Fries nie direkt unter der Decke sitzen sollte, reicht auch diese wandfüllende Schablonierung nicht bis ganz oben. Den Abschluß bilden eine Linie und ein Band.

48 Ein Fries als oberer Abschluß für eine wandfüllende Schablonierung sieht dekorativ aus und war die gebräuchlichste Lösung. Das Foto zeigt eine Rekonstruktion nach Befund in Originalfarbigkeit. Der Fries besteht aus einer Negativschablone, die den mittelgrünen Hintergrund ergibt und aus einer Positivschablone, mit der die rosa Partien entstehen. Die Konturen ergeben sich von selbst aus dem hellgrünen Wandton.

Drittens: Das Muster reicht nicht so hoch wie die Wandfarbe, hört aber mit vollem Rapport auf. Zuerst wird die obere Reihe entlang der Schlagschnurlinie gestupft, dann wird nach unten weiter gearbeitet. Decken- und Wandfarbe werden durch eine oder mehrere Linien getrennt.

Der untere Abschluß kann bis zum Boden gehen oder vorher an einem Sockel aufhören. Das ist die gebräuchlichste Form. Der Sockel ist häufigen Beschädigungen ausgesetzt. Er kann daher zwischendurch separat gestrichen werden, ohne daß der ganze Raum renoviert werden muß. In beiden Fällen hört der Rapport über ihm auf, wie es sich ergibt. Eine Linierung zwischen Sockel und Wandmuster ist obligatorisch. Der Sockel kann die Wandfarbe haben, aber unbedingt etwas dunkler, oder die Malfarbe des Schablonendekors, falls diese nicht heller ist als der Wandton. Eine Kontrastfarbe ist selbstverständlich auch möglich.

Wandfüllend zu schablonieren ist sehr zeitaufwendig. Das Weglassen von Ecken, Sockeln und oberen Bereichen reduziert den Aufwand. Es gibt noch eine Möglichkeit Zeit zu sparen: Sie besteht darin, nur den Sockel zu schablonieren. Das war immer schon eine sehr gebräuchliche Lösung, vor allem für Flure und Treppenaufgänge.

Wandfüllende Schablonierung

◁ 49 Auch eine hübsche Möglichkeit für den oberen Schablonenabschluß: Die Wandfarbe reicht weiter hinauf als die Malerei, die oben mit komplettem Ornament aufhört und nicht abgeschnitten ist, wie bei den beiden vorangegangenen Beispielen. Zu beachten: Wand- und Deckenfarbe sind durch eine dreifache Linierung, die alle drei Farben der Schablonierung wiederholt, getrennt. Die Aufnahme zeigt eine restaurierte Stube im Korbmuseum Michelau.

◁ 50 Bei wandfüllendem Dekor kann das leicht passieren: Die Rapporte klaffen auseinander (Pfeile) oder rutschen zu dicht zusammen (Kreis).

51 Eine gängige Art, Flure und Treppenhäuser zu dekorieren: Die Ornamentik wurde nur im unteren Wandbereich angebracht. Dieser Raum wurde nach Befund rekonstruiert. Die Farbigkeit Weiß und Dunkelblau auf grau-grünem Grund läßt auf eine Fassung aus dem ersten Jahrzehnt des 20. Jahrhunderts schließen.

TIPS UND TRICKS

Trotz exakt sitzender Paßmarken ist es fast nicht zu vermeiden, daß die Ornamentik im Lauf der Arbeit aus der Senkrechten oder Waagerechten gerät. Wenn sich Ungenauigkeiten beim Anlegen addieren, ist das schnell passiert. Die Rapporte rücken dicht zusammen oder klaffen auseinander.

Um dem vorzubeugen, schaut man sich seine Arbeit ab und zu aus etwas Distanz an. Falls sich eine Musterentgleisung bereits andeutet, läßt sich das durch entsprechendes Verschieben der Schablone bei den folgenden Rapporten wieder korrigieren. Hierbei helfen Lot und Wasserwaage. Korrigieren Sie jedoch die Abstände nicht gleich völlig beim nächsten Rapportanschluß, sondern über eine größere Fläche nach und nach und Stück für Stück. Das ist unauffälliger. Bei großen Unstimmigkeiten bleibt nichts anderes übrig, als die mißratenen Partien mit der Wandfarbe zu überstreichen und erneut zu stupfen (nach dem Trocknen).

SCHWER ZUGÄNGLICHE STELLEN

Dazu zählen die Raumecken, Türstöcke, Heizkörper und Lichtschalterdeckel. Letztere werden abgeschraubt. Um die Raumecken leichter in den Griff zu bekommen, schneidet man eine Schablone mit nur einem Rapport (mit Paßmarken) oder nur mit dem benötigten Rapportteil, weil sich eine kleine Schablone besser handhaben läßt. Mit einem dünnen, ganz gerade abgeschnittenen Borstenpinsel sind Ecken einfacher zu bewältigen. Auch um die Türstöcke herum kann man so verfahren. Man kann auch diese Stellen freilassen und am Schluß die Schablone entsprechend zerschneiden, um diese Stellen besser zu erreichen. Hinter Heizkörpern läßt sich nicht schablonieren. Hier wird an den drei bis vier Seiten sauber abgeklebt und nur soweit gestupft, wie Freiraum für die Pinselbewegung besteht.

Wandfüllende Schablonierung

STREUMUSTER

Eine weitere Möglichkeit, ganze Wände zu dekorieren, bieten die Streumuster. Da hier nicht dicht an dicht gestupft wird, ist der Zeitaufwand wesentlich geringer. Als Streumuster eignen sich in erster Linie florale Motive, die nicht Paßmarke an Paßmarke auf die Wand plaziert, sondern beliebig darauf verteilt werden. Dabei darf aber nicht konsequent deckend gestupft werden. Um den Blüten und Blättern Natürlichkeit und malerischen Charakter zu geben, wird deckend und lasierend durcheinander gestupft. Schon dadurch erscheint eine einzige Farbe mal heller, mal dunkler und bringt Plastizität in die Blume. Mehrere Farben, im gleichen Schlag weich ineinander fließend, steigern die malerische Erscheinung. Das Ornament der Abbildung 53 zeigt auf diese Art gestupfte Blüten. Es eignet sich sehr gut – in einzelne Blüten und Blätter zerlegt – als Streumuster. Weitere gut geeignete Streumustermotive lassen sich aus Schablonen aus dem Ornamenteteil entwickeln.

Neben floralen Dekoren eignen sich auch streng grafische Konturen, wenn sie mal ganz, mal partiell auf der Wand erscheinen. Dabei stupft man entweder deckend oder lasierend, aber nicht beides durcheinander wie bei den Blüten. Einfarbig oder mehrfarbig ist hier Geschmackssache. Wenn sich die Farben von Gardinen, Möbeln oder Fußboden im Wanddekor wiederholen, wirkt der Raum harmonisch aufeinander abgestimmt. Für ein grafisches Streumuster kommt ein Ornament wie Abbildung 52 in Frage.

52   Oben: Die zweischlägige Schablone (auch auf Seite 49) in Weiß und Blau auf graublauem Grund. Darunter einzelne Ornamentteile, willkürlich verteilt.

53   Das Ornament von Seite 65, zum Streublumenmuster zerlegt. Der Schlag für die Blätter ist in zweierlei Grün und der für die Blüten in Rot und Blau gestupft.

SPRENKELFASSUNG

54 Mit einem groben Straßenbesen – in Farbe getaucht – werden die Sprenkel an die Wand gespritzt. Dabei zieht man die Borsten zu sich zurück und läßt dann wieder los: die Tropfen fliegen an die Wand. ▷

55 Hier wurden der graue und gelbe Hintergrund sowie der Fries zum Schluß mit weißen und schwarzen Sprenkeln übersät. ▽

56 Der Begleitstreifen aus schwarzen Punkten trennt Wand- und Deckenfarbe. Rose und Hintergrund sind mit kleinen, grauen Sprenkeln übersät. Solche kleinen Punkte werden mit der Zahnbürste gespritzt. ▽▽

Bei der Sprenkelfassung wird die ganze Wand mit einer oder mehreren Farben bespritzt. Die Sprenkel werden mit einem groben (Straßen-)Besen erzeugt, indem man die Borsten in Farbe (Dispersionsfarben) taucht und mit der Hand so zurückbiegt, daß bei deren Vorwärtsschnellen die Spritzer an die Wand geraten (Abb. 54). (Auf jeden Fall den Fußboden mit Folie vor Farbspritzern schützen.) Die Spritzer erscheinen unterschiedlich groß. Bei mehreren Farben werden diese nacheinander (nicht durcheinander) aufgebracht. Ob die Sprenkelfassung auch über die Schablonierung reicht oder nur die Wand darunter oder den ganzen Hintergrund verziert, ist Geschmackssache. Sie wirkt auch als eigenständige Fassung ohne Fries sehr dekorativ.

Sprenkel lassen sich auch mit anderen Mitteln erzeugen. Zum Beispiel mit der Zahnbürste. Die Borsten werden, wie der Besen, mit den Fingern in Körperrichtung gebogen und losgelassen, dabei spritzen die sehr kleinen Punkte an die Wand. Die Farbe hat etwa die Viskosität von Linierfarbe, ist also fast wäßrig. Etwas größere Punkte erzeugt der Borstenpinsel. Er wird in Farbe getaucht und gegen einen Stock oder einen Pinselstiel geschlagen, so daß die Spritzer die Wand treffen. Sprenkeln mit Zahnbürste oder Borstenpinsel dauert etwas länger als mit dem groben Straßenbesen, hat aber auch ein feineres Erscheinungsbild. Der Zeitaufwand richtet sich weiterhin nach der gewünschten Sprenkeldichte.

SCHWAMMSTUPFEN

Es gehört wie die Sprenkelfassung zur Hintergrundgestaltung und kann auch wie diese allein, ohne Fries, stehen. Sie ist attraktiv genug. Eine Ton-in-Ton-Farbigkeit mit dem Hintergrund verhindert allzu krasse Kontraste. Dabei kann die ganze Wand bearbeitet werden, denn ein Fries sieht auch auf der schwammgestupften Wand gut aus, oder die Schwammspuren hören unterhalb der Bordüre an einer Linierung auf (mit Kreppband abkleben). Als Stupffarbe eignet sich die gleiche Konsistenz wie für die Schablonierung (siehe »Die Farbigkeit«, Seite 18). Auf einem Teller oder Eimerdeckel wird der angefeuchtete *Naturschwamm* (Drogerie) in die Farbe getaucht und gut ausgedrückt, sonst gibt es Kleckse statt zarter Schwammspuren. Den Schwamm dann mit wenig Druck an die Wand stupfen und dabei ständig drehen, um ein eintöniges Bild zu vermeiden. Der Schwamm hat rundherum viele »Gesichter«, die für ein abwechslungsreiches Bild sorgen.

VERZIEREN MIT BLATTMETALL

◁ 57 Der Naturschwamm erzeugt den belebten Hintergrund. In gleicher Farbe gestupft: die Schablone (etwas größer auf Seite 117).

Blattmetall gibt es beim Künstlerbedarf oder direkt ab Blattgoldfabrik als: Blattgold, Blattsilber, Schlagmetall (= Fachausdruck für Blattmessing), Blattaluminium und Blattkupfer. Da der Umgang mit echtem Blattgold und Blattsilber einige Übung voraussetzt und außerdem teure Spezialwerkzeuge benötigt werden, beschränkt sich dieses Kapitel auf das billigere Schlagmetall und Blattaluminium. Letzteres hat den Vorteil, daß es nicht oxidiert (wie Silber). Beide Metalle sowie Blattkupfer sind für die Wand bestens geeignet.

Und so geht man vor: Wenn der Fries gestupft ist, werden die Teile, die metallisiert werden sollen, mit Hilfe eines feinen Spitzpinsels mit Anlegemilch benetzt. Anlegemilch ist der Kleber. Er wird tropfenfrei, aber deckend aufgetragen. Nach 15 Minuten (wenn die milchige Flüssigkeit klar geworden ist) und innerhalb von 24 Stunden wird das Metall aufgelegt. Die Metallblätter werden mit den Händen in entsprechend große Stücke zerteilt, aufgelegt, mit Watte angedrückt. Die überstehenden Fransen werden mit einem weichen Pinsel abgekehrt.

Sollten sich nach dem Abkehren Fehlstellen zeigen, heißt das: Nochmal Anlegemilch auftragen, klar werden lassen, Blattmetall anlegen, andrücken und abkehren.

58 Werkzeuge und Materialien zum Metallisieren:
1 Schlagmetall (Blattmessing)
2 Blattaluminium
3 Anlegemilch
4 Watte
5 Spitzpinsel für die Anlegemilch
6 Einkehrpinsel (damit wird überschüssiges Blattmetall weggestrichen).

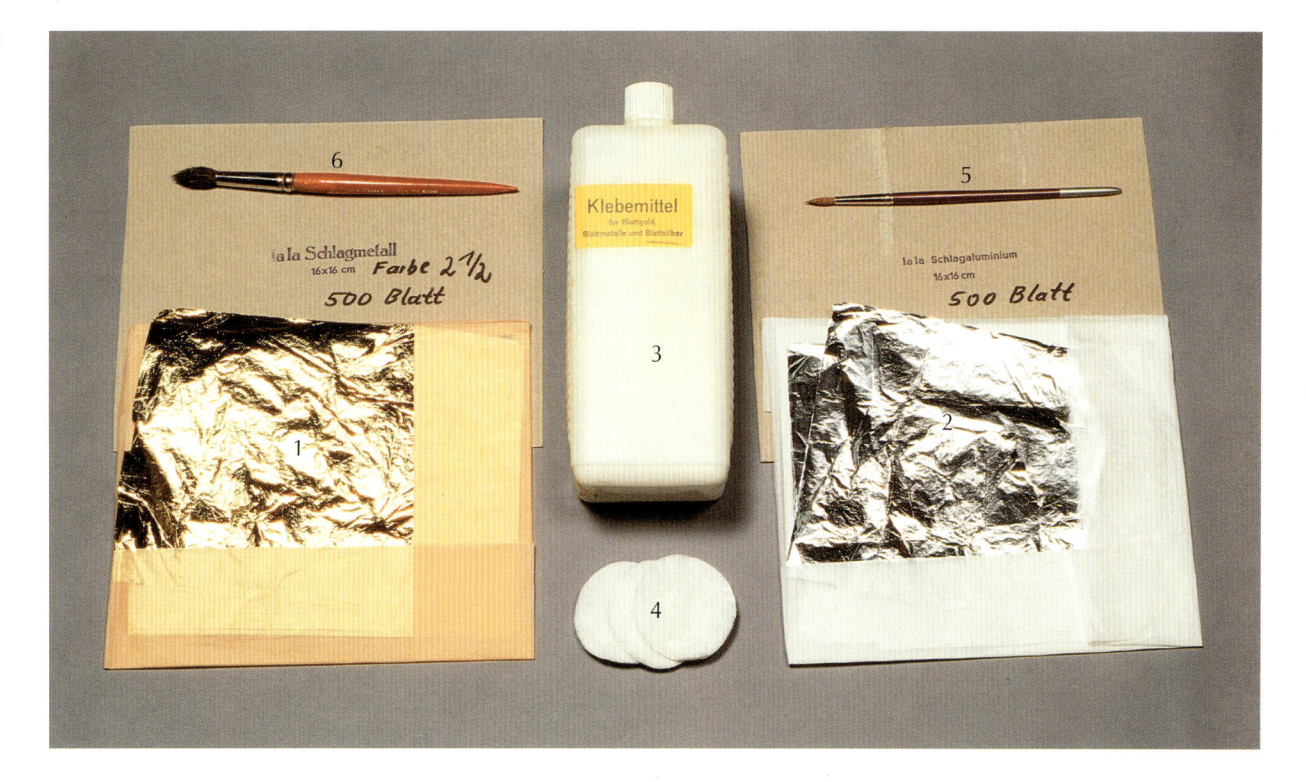

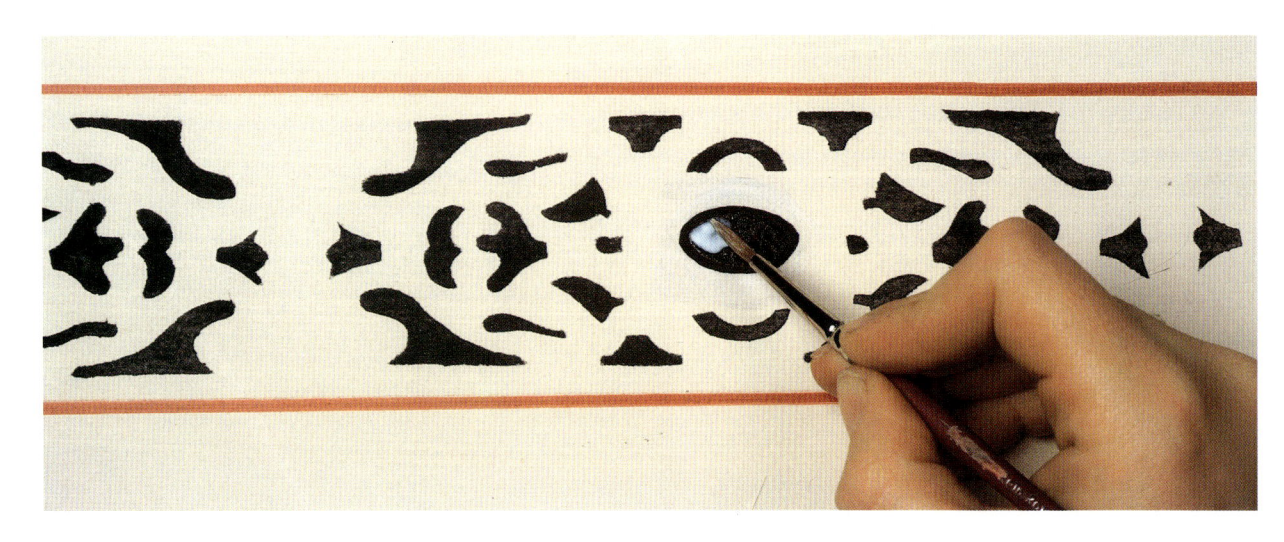

59   Die zu metallisierende Fläche mit Anlegemilch benetzen.

60   Das Blattmetall mit den Fingern in Stücke zerteilen.

61   Das Blattmetall auf die benetzte Fläche legen (erst, wenn die Milch klar und fast trocken geworden ist)

36   Verzieren mit Blattmetall

62   … und mit Watte andrücken.

63   Überstehendes Blattmetall mit dem Pinsel wegschieben, in der Fachsprache »einkehren« genannt.

64   Ornament mit Blattmetallverzierung. Ein schwarzer Rand um das Gold bleibt stehen, damit das Gold nicht im Hintergrund »verschwindet«.

Verzieren mit Blattmetall

TEIL II
ORNAMENTE

EINSCHLÄGIGE SCHABLONEN

65 Anthrazitfarbene Bordüre auf beigem Wandton mit roter Linierung darunter und oben anthrazitfarbener Linierung auf der »heruntergezogenen« weißen Deckenfarbe. Das florale Motiv eignet sich ebenso für eine zweifarbige Gestaltung, wenn man es in zwei Schablonen aufteilt.

66   Vier Muster mit mehreren kleinen Rapporten, teilweise mit Linierung. Das dritte von oben (rot auf hellblauem Grund) entspricht der Originalfarbigkeit nach Befund.

Einschlägige Schablonen

67 Die Farbigkeit der obersten und untersten Bordüre entspricht dem Befund. Bei der Rose im zweiten Beispiel kann man jede dritte Blüte weiß stupfen. Die Rose ganz unten war in etwa 1,70 Meter Höhe oberhalb eines lila Sockels auf weißem Grund plaziert.

40 Einschlägige Schablonen

68 und 69   Zwei Gestaltungsarten des gleichen Motivs.

70   Eine einfarbige, sehr aufwendige florale Bordüre, die an einer Decke freigelegt wurde, wo sie hellblau auf tiefem Dunkelblau stand. ▽

Einschlägige Schablonen   41

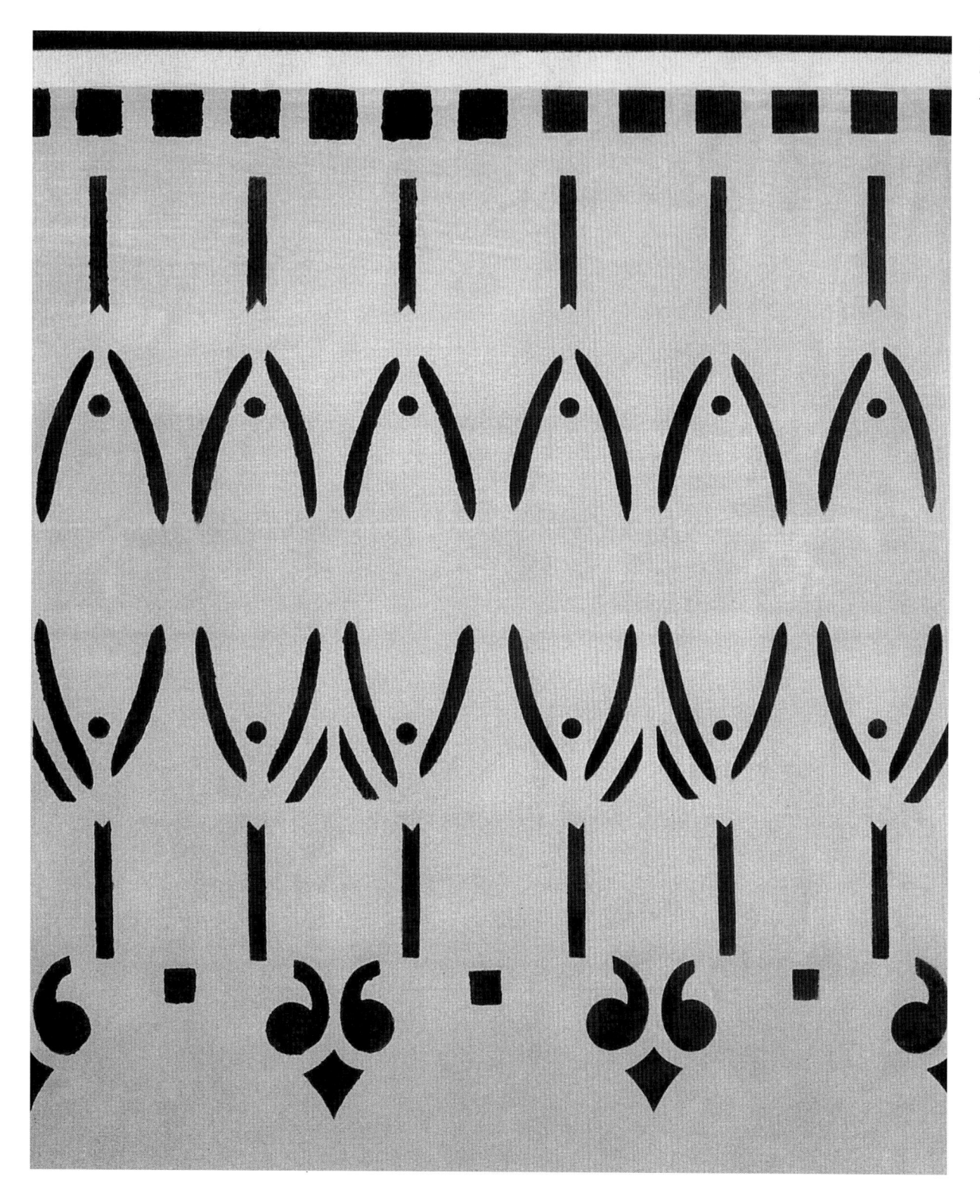

72   Sieht aus wie eine Spitzengardine: Weiß auf zartgrauem Grund mit schwarzem Begleitstreifen.

42   Einschlägige Schablonen

71   Großes Motiv, das durch den luftigen, netzartigen Charakter trotzdem zart wirkt.

Einschlägige Schablonen

73 Die Farbigkeit Blau auf gelbem Grund entspricht dem Befund.

74 Eigentlich eine einschlägige Schablone, aber hier zweifarbig interpretiert.

44 Einschlägige Schablonen

75 Die Farbigkeit Hellblau auf hellgrauem Grund entspricht dem Befund.

76 Eine einschlägige Schablone – dreifarbig gestupft.

Einschlägige Schablonen 45

77   Dieses Ornament ist auf Seite 11, Abbildung 13 in der Originalfarbigkeit nach Befund zu sehen. Es wird auf Stoß angelegt.

78   Mit diesem Ornament wurde die Küche auf dem Schutzumschlag und auf den Seiten 106/107 gestaltet. Die kleinen Punkte sind Sandkörnchen im Kalkanstrich.

46   Einschlägige Schablonen

79   Dieses zarte Motiv wurde in einer Hohlkehle freigelegt, siehe Befundfoto auf Seite 6, Abbildung 2. Ein damit gestalteter Flur ist auf Seite 31, Abbildung 51 zu sehen. Es wird auf Stoß angelegt.

Einschlägige Schablonen

MEHRSCHLÄGIGE SCHABLONEN

80 Oberhalb von weißen Fliesen plaziert. Erster Schlag grün, zweiter blau. Paßmarken sind Teile aus dem Ornament.

81 Der zweite Schlag (rot) überlappt teilweise den ersten Schlag (blau).

82   Hier können die Paßmarken (blaue Punkte) nachträglich mit der Wandfarbe weggestrichen werden.

83   Zweischlägiges Muster auf breitem Band mit vierfacher Linierung. Eine weitere Gestaltungsmöglichkeit mit diesem Motiv zeigt die Abbildung 52 auf Seite 32.

84   Erster Schlag blau, zweiter rot, dritter gelb. Die Paßmarken (Kreise) werden mit der Wandfarbe nachträglich weggestrichen.

85 Erster Schlag rosa, zweiter lila, rosa Linierung.

88 Ein graniertes, zweischlägiges Motiv. Die Reihenfolge von Grau und Grün ist egal. Es wird auf Stoß angelegt. ▷

86 Gelbe Wand, weiße Deckenfarbe, heruntergezogen, darauf erster Schlag mit der gelben Wandfarbe, zweiter Schlag in Dunkelgelb. Die Paßmarken werden weggestrichen.

87 Erster Schlag grau, zweiter gelb, dritter grün. Die Paßmarken werden weggestrichen. Man kann auch die grauen Punkte als Paßmarken verwenden.

89 Erster Schlag rot, zweiter grau. ▷

50 Mehrschlägige Schablonen

Mehrschlägige Schablonen 51

52 Mehrschlägige Schablonen

◁ 90 Oben: Erster Schlag grau, zweiter blau. Darunter: Erster Schlag grau, zweiter rot, teilweise überlappend.

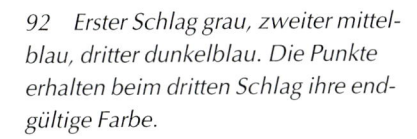

92 Erster Schlag grau, zweiter mittelblau, dritter dunkelblau. Die Punkte erhalten beim dritten Schlag ihre endgültige Farbe.

93 Erster Schlag türkis, zweiter blau. Die türkisen Punkte werden blau überstupft.

◁ 91 Erster Schlag grün, zweiter blau, dritter rot. Die Punkte werden beim ersten Schlag als Paßmarken gestupft, erhalten aber beim dritten Schlag – hier rot – ihre endgültige Farbe.

Mehrschlägige Schablonen 53

94   Erster Schlag blau, zweiter rot, in der Blüte auf Blau gestupft.

96   Hier sind die roten Punkte der Blüte die Paßmarken. Rot wird zuerst gestupft, Grau und Grün in beliebiger Folge. ▷

95   Erster Schlag grün, zweiter grau – auf zartgrüner Wand. Die Paßmarken werden überstrichen.

97   Das graue Band ermöglicht es, die Seerosenblüte weiß zu stupfen. Weiße Blütenblätter = Paßmarken. Die Blütenmitte wurde mit dem Spitzpinsel nachträglich in Gelb und Orange ausgemalt. ▷

Mehrschlägige Schablonen 55

98 Erster Schlag rot, zweiter grau, rote Linierung.

100 Dreischlägiges, überlappendes Ornament. Erster Schlag dunkelblau, zweiter mittelblau, dritter hellblau. Die drei Schläge sind auf Seite 12, Abbildung 16 einzeln dargestellt. ▷

99 Erster Schlag dunkelgrün, etwas lasierend gestupft, zweiter hellgrün.

101 Girlande mit Begleitstreifen. Befundfoto Seite 6, Abbildung 1. ▷

102 Blumenbordüre mit Linierung. Ornamentteile sind Paßmarken. ▷

56 Mehrschlägige Schablonen

Mehrschlägige Schablonen 57

58 Mehrschlägige Schablonen

◁ 103 Zwischen zwei Linien: Erster Schlag braun, zweiter blau. Ornamentteile sind Paßmarken.

105 Erster Schlag hell, zweiter dunkel. Die Paßmarken werden überstrichen.

◁ 104 Dreifarbige Girlande mit schwarzem Begleitstreifen. Originalfarbigkeit nach Befund.

106 Drei mehrfarbige Gestaltungen dieser Schablone zeigt die Seite 7, Abbildung 4. Paßmarke ist Ornamentteil. ▽

Mehrschlägige Schablonen

107, 108 und 109 Drei Motive mit Rosen und Linierung. Die Blätter werden jeweils zuerst gestupft.

60   Mehrschlägige Schablonen

Mehrschlägige Schablonen 61

110 Hier ist die Linierung über dem Ornament geradezu zwingend, da das Motiv daran »aufgehängt« ist. Die Punkte werden weggestrichen.

111 Eine zweischlägige Schablone, auf Stoß angelegt. Statt für den zweiten Schlag eine eigene Schablone zu schneiden, kann man auch den ersten Schlag spiegelbildlich verwenden.

Mehrschlägige Schablonen

112 Die Originalfarbigkeit nach Befund ist weiß und dunkelblau auf grau-grünem Grund.
Darüber: Weiße heruntergezogene Deckenfarbe mit dunkelblauem Trennstrich zur Wandfarbe.

Mehrschlägige Schablonen

113 und 114 Zwei florale Motive, bei denen die Paßmarken überstrichen werden. Bei der unteren Blume wird Grün auf Gelb gestupft.

115 Die Paßmarken gehören zum Motiv. Zwei Interpretationen dieser Blume sind auf den Seiten 32 und 102 zu sehen. ▷

Mehrschlägige Schablonen

MEHRSCHLÄGIGE SCHABLONEN MIT KONTURENZEICHNUNG

Wie schon auf Seite 9 erwähnt, werden die Schablonen nach der Zeichnung hergestellt: Die Zeichnung fotokopieren, die Konturen verschiedenfarbig nachziehen (wie hier im Buch) oder einen Farbkopierer benutzen. Jeden Schlag einzeln auf Folie oder Pappe übertragen und ausschneiden. Die Konturen der Zeichnungen befinden sich im auszuschneidenden Feld! Das heißt, sie müssen mit weggeschnitten werden, da sonst die Ornamentteile verkleinert werden.

Mein Tip: Alles, was auszuschneiden ist, schraffieren. Das erleichtert den Überblick. Und nicht vergessen: Bei jedem Schlag die Paßmarken mit ausschneiden!

Die Farben der Zeichnungen bedeuten:
Schwarz = 1. Schlag
Rot = 2. Schlag
Blau = 3. Schlag
Grün = 4. Schlag
Lila = 5. Schlag

116/117 Ornament mit zwei Schlägen. Zeichnung = ein Rapport, Fries = zwei Rapporte. Beide Schläge wurden mit dem gleichen Grün graniert. Dort, wo sich die Schablonen überlappen, erscheint das Grün dunkler. Der lasierende Charakter läßt das Ornament leicht und duftig erscheinen. Mit diesem Motiv wurde der Raum auf Seite 108 schabloniert.

118/119 Ornament mit drei Schlägen. Zeichnung = ein Rapport, Fries = zwei Rapporte. Übereinander gestupfte Farben sollten relativ dickflüssig sein, damit sie decken.

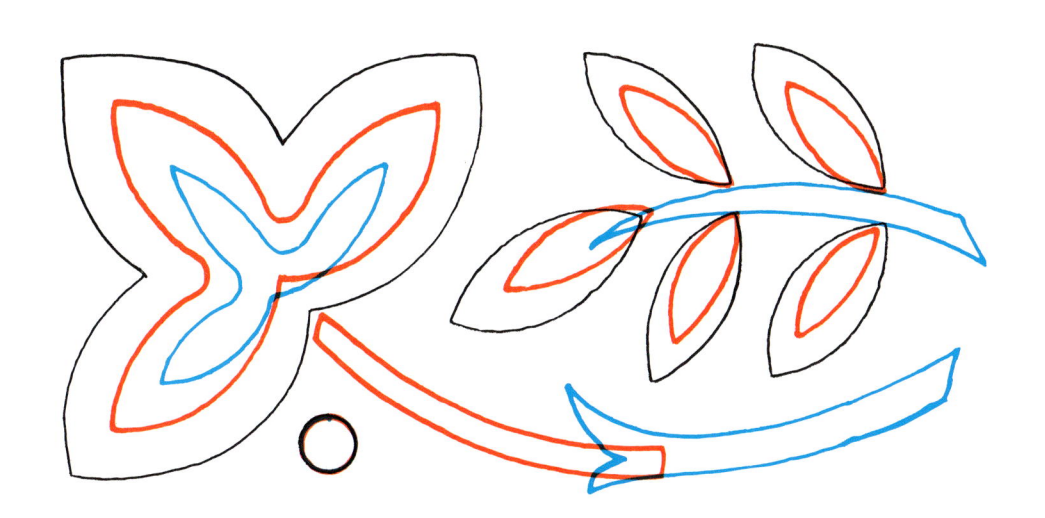

Mit Konturenzeichnung

68   Mit Konturenzeichnung

120/121 Ornament mit zwei Schlägen. Beide Abbildungen sind jeweils ein Rapport.

Mit Konturenzeichnung 69

70   Mit Konturenzeichnung

◁ 122/123 Ornament mit drei Schlägen. Beide Abbildungen sind jeweils ein Rapport.

124/125 Ornament mit drei Schlägen. Zeichnung = ein Rapport, Fries = drei Rapporte, hier als Schmuckbordüre über weißen Fliesen. ▷

Mit Konturenzeichnung

126/127 Ornament mit zwei Schlägen. Beide Abbildungen sind jeweils ein Rapport.

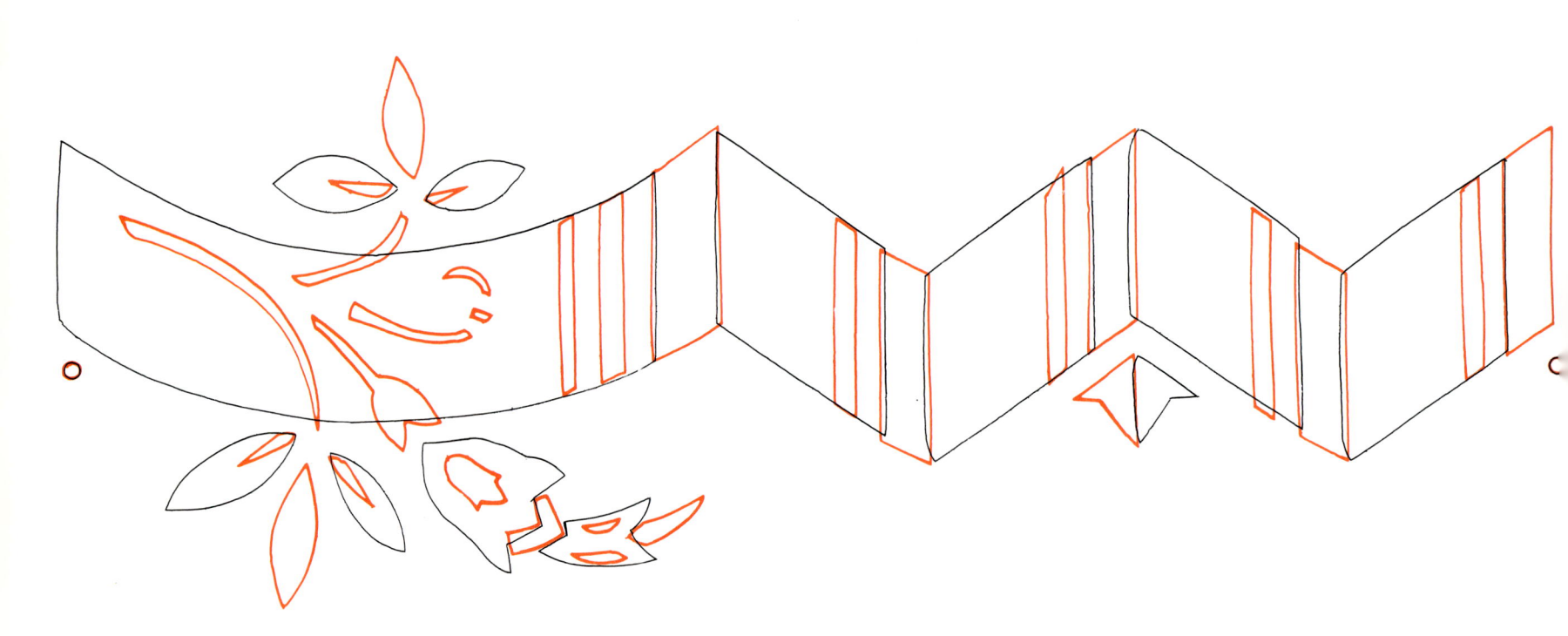

72 Mit Konturenzeichnung

128/129   Ornament mit drei Schlägen. Zeichnung = ein Rapport, Fries = zwei Rapporte.

Mit Konturenzeichnung   73

130/131 Ornament mit drei Schlägen. Beide Abbildungen sind jeweils ein Rapport. Bordüre als Schmuck über weißen Fliesen.

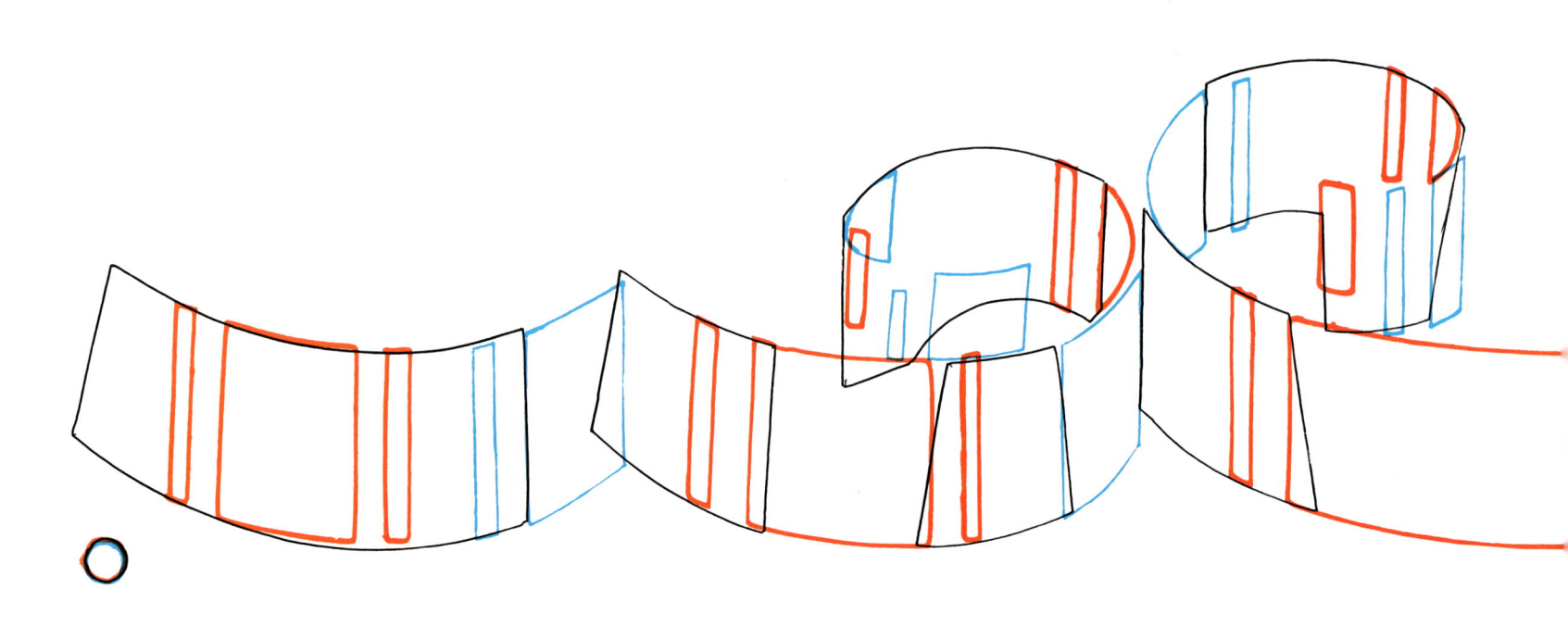

74 Mit Konturenzeichnung

132/133 Ornament mit drei Schlägen. Zeichnung = ein Rapport, Fries = zwei Rapporte.

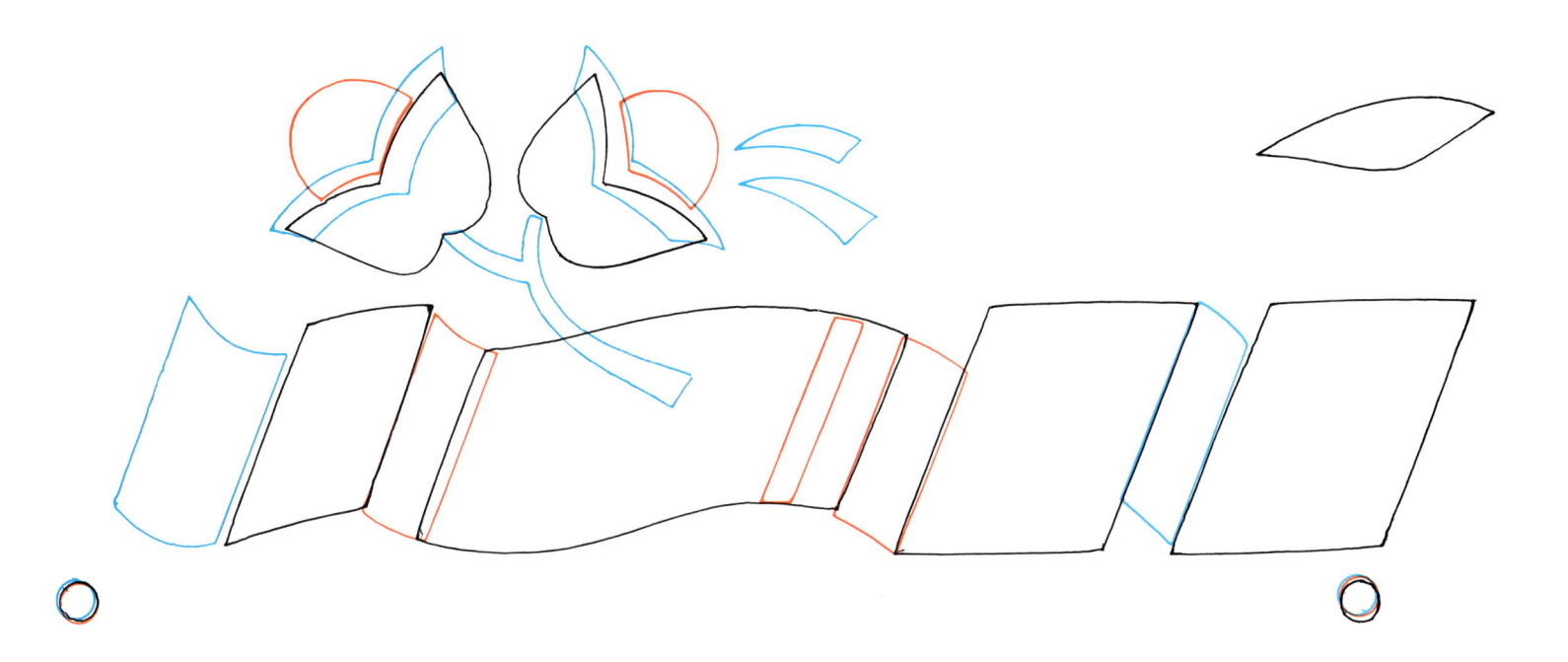

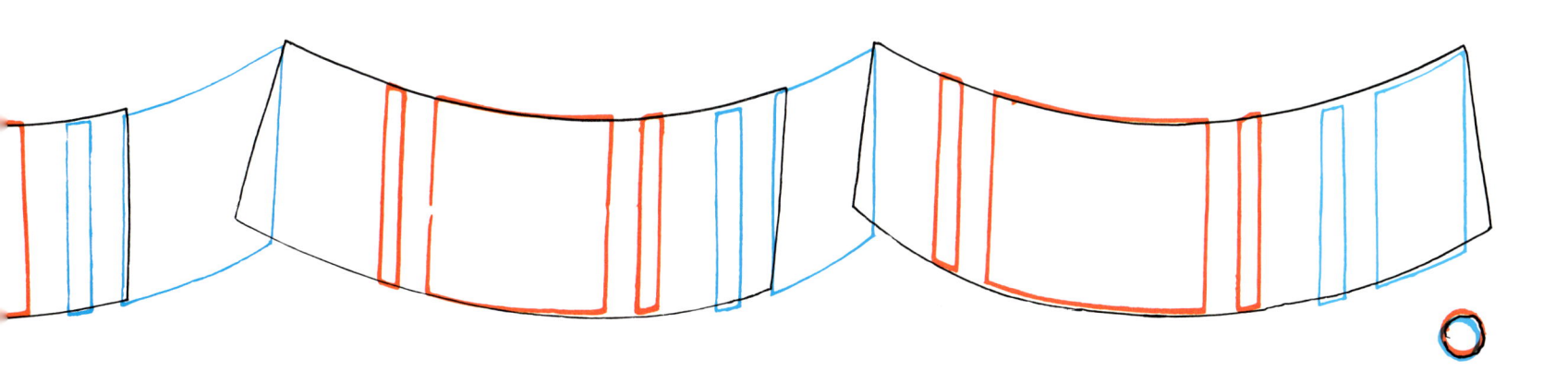

Mit Konturenzeichnung

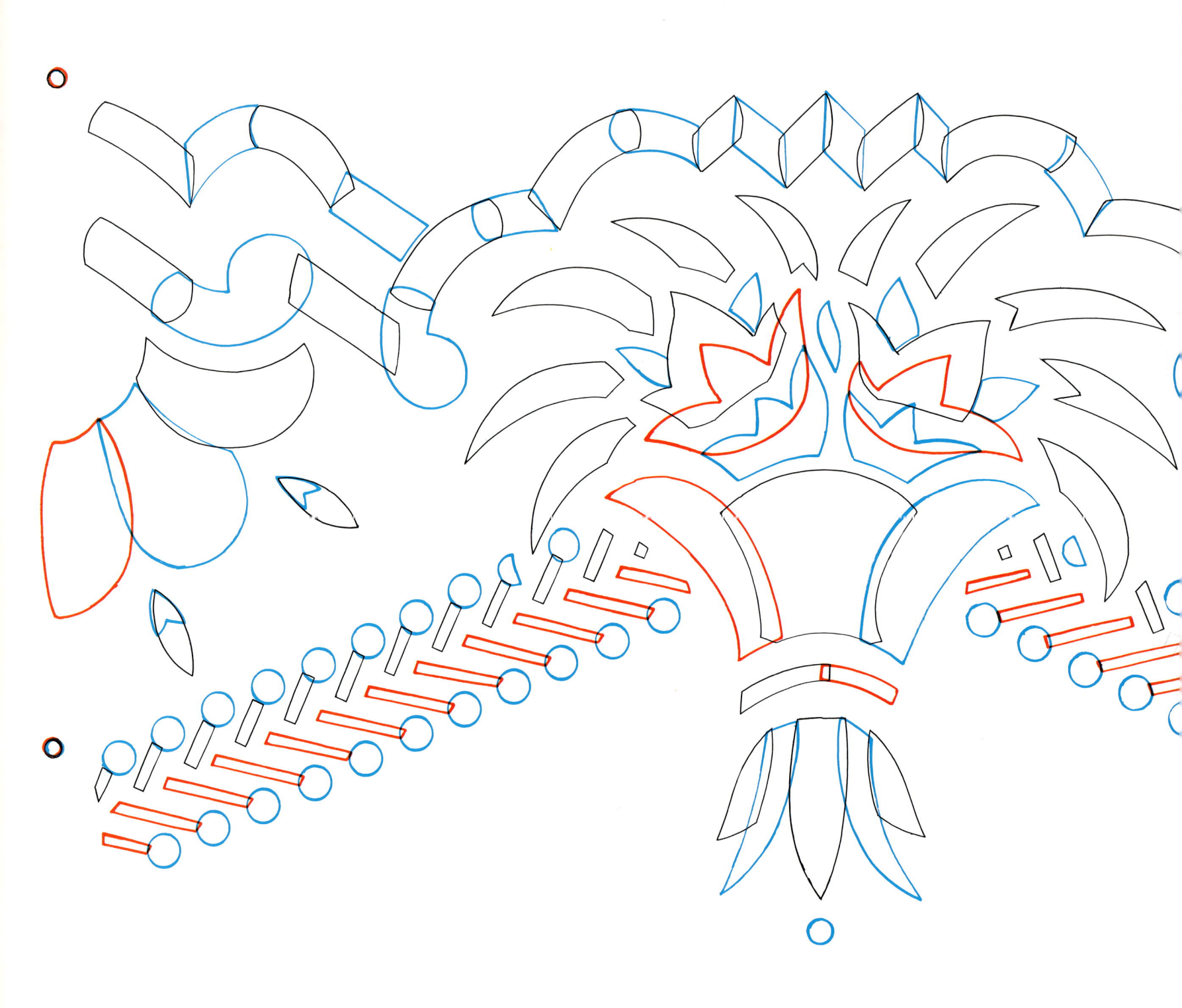

76 Mit Konturenzeichnung

134/135 Ornament mit drei Schlägen. Beide Abbildungen sind jeweils ein Rapport. Die Glockenblume rechts unten gibt es auch als separate Blumenbordüre auf Seite 52.

Mit Konturenzeichnung 77

136/137/138 Ornament mit vier Schlägen. Zeichnung = ein Rapport. Friese = zwei Rapporte. Zwei Farbbeispiele. ▽▷

139/140 Ornament mit drei Schlägen und Blattmetallverzierung. Zeichnung = ein Rapport. Fries = zwei Rapporte. ▷

Mit Konturenzeichnung

Mit Konturenzeichnung 79

141/142 Ornament mit fünf Schlägen. Zeichnung = ein Rapport, Fries = zwei Rapporte.

143/144 Ornament mit vier Schlägen. Zeichnung = ein Rapport, Fries = zwei Rapporte. Achtung! Der 2. Schlag (rote Kontur) wurde mit zwei Farben gestupft: in der Blüte gelb und als Blatt grün. ▷

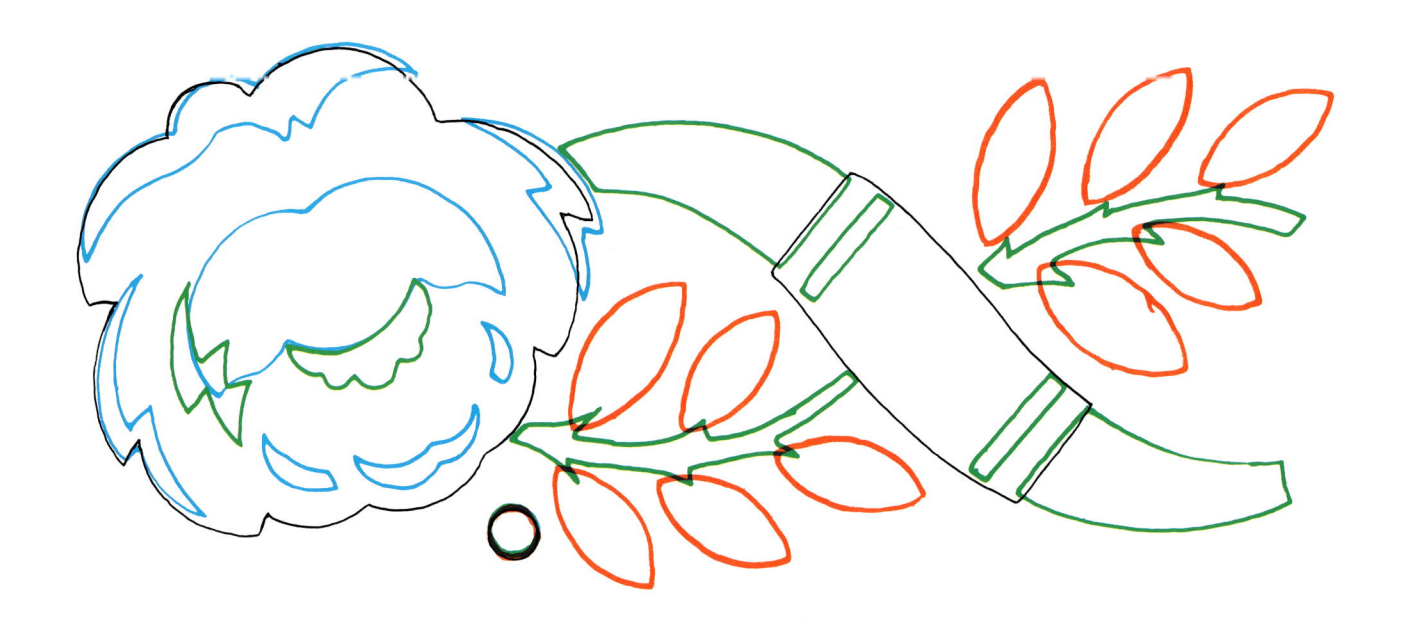

Mit Konturenzeichnung

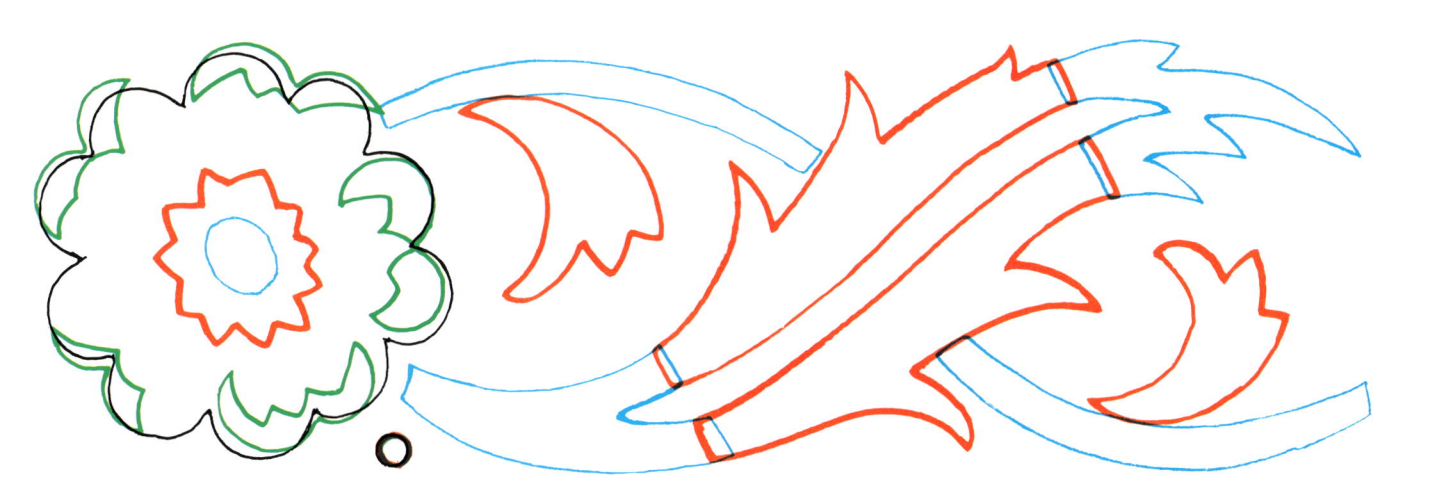

Mit Konturenzeichnung

145/146 Ornament mit vier Schlägen. Zeichnung = ein Rapport, Fries = zwei Rapporte.

82   Mit Konturenzeichnung

147/148/149   Ornament mit fünf Schlägen. Zeichnung = ein Rapport, Fries = zwei Rapporte. Die obere Zeichnung enthält die Schläge 1, 2 und 3, die untere 4 und 5.

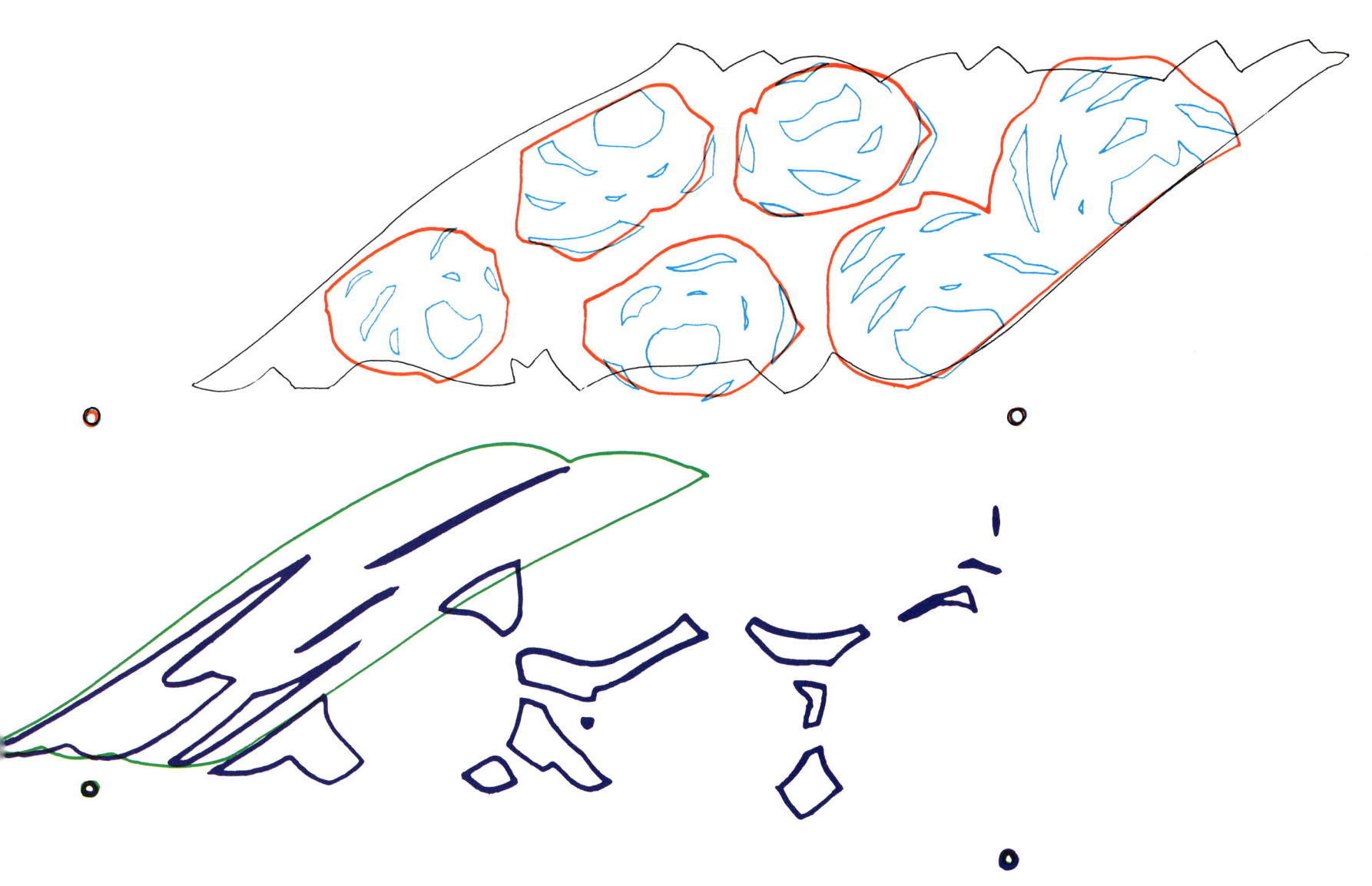

Mit Konturenzeichnung

84   Mit Konturenzeichnung

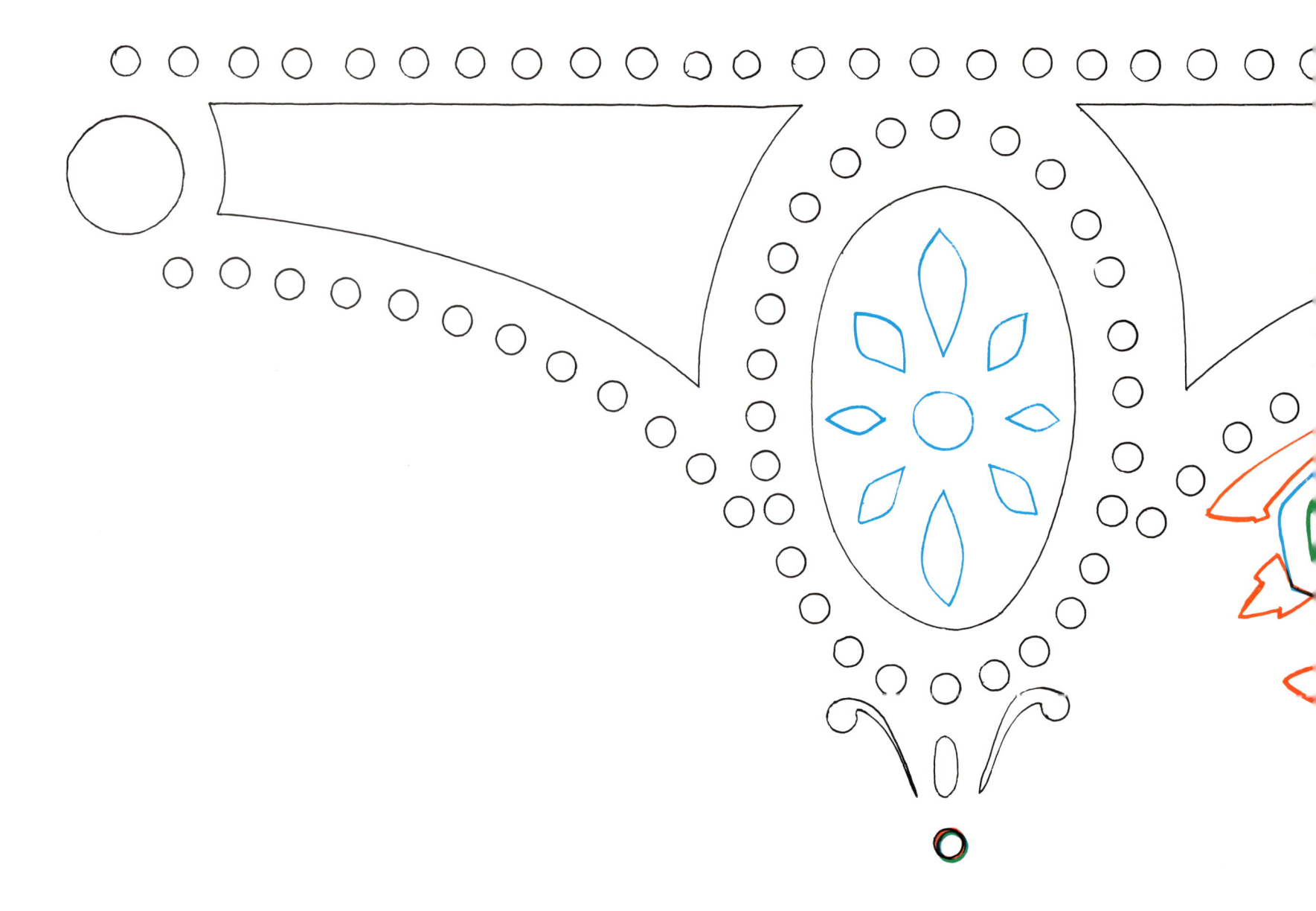

150/151 Ornament mit vier Schlägen. Zeichnung = ein Rapport, Fries = zwei Rapporte. Achtung! Der 3. Schlag (blaue Kontur) wurde in der Blüte gelb und im Oval grün gestupft.

Mit Konturenzeichnung

86 Mit Konturenzeichnung

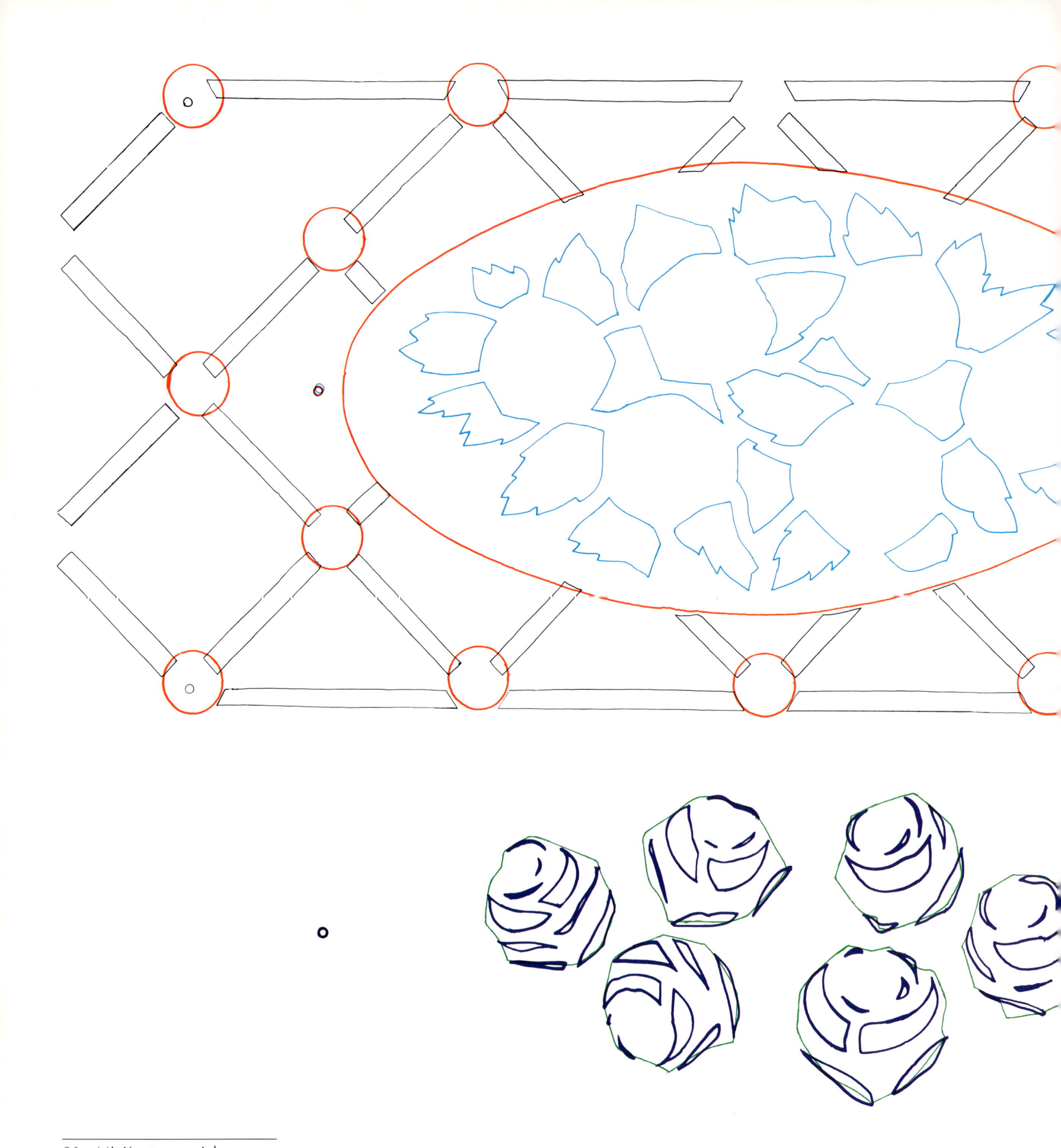

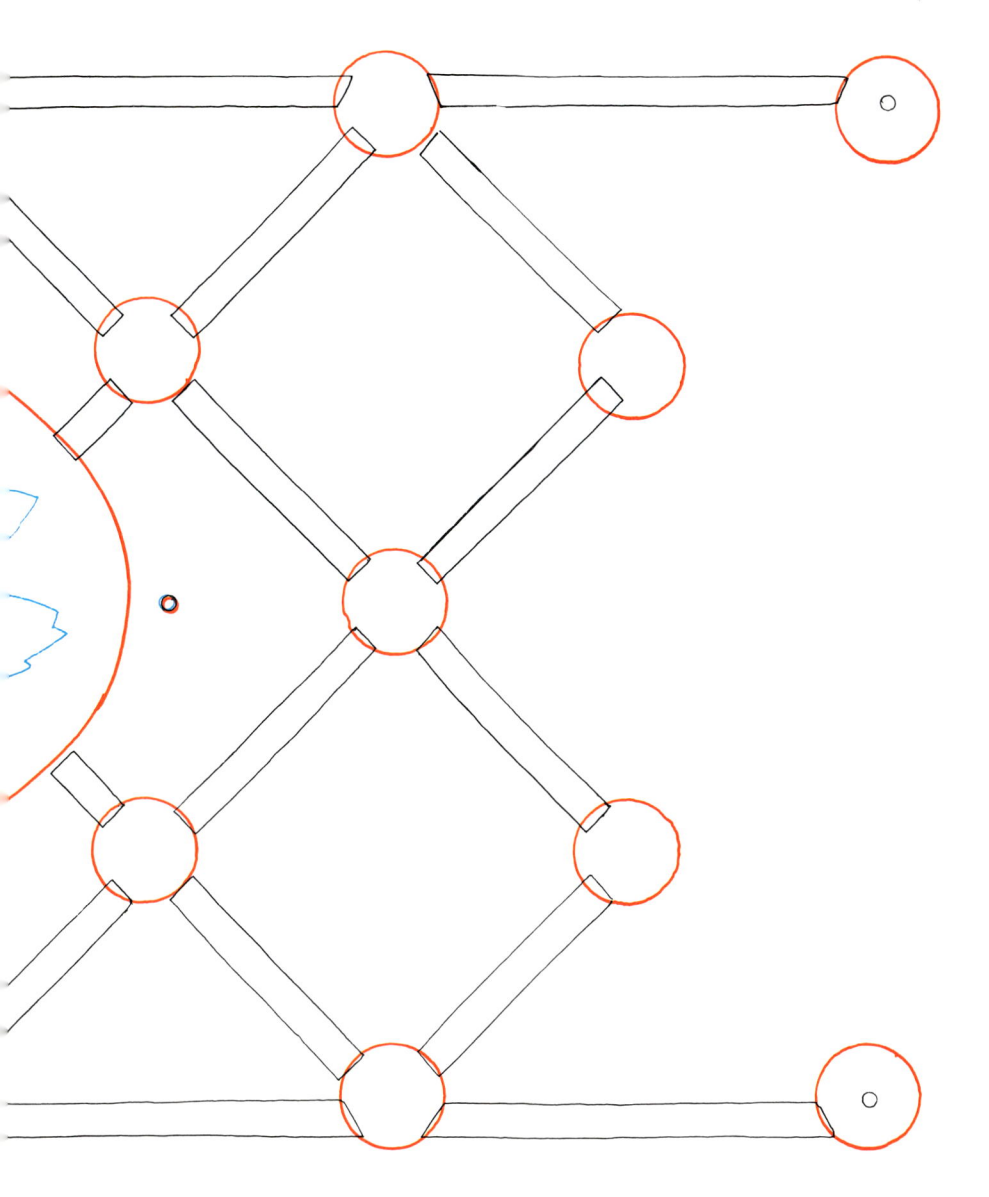

152/153/154/155   Ornament mit fünf Schlägen. Zeichnung und die beiden Farbbeispiele sind jeweils ein Rapport. Die obere Zeichnung enthält die Schläge 1, 2 und 3, die untere 4 und 5.

Mit Konturenzeichnung

SCHABLONEN MIT BLATTMETALLVERZIERUNG

156 Erster Schlag weiß, zweiter blau. Welche Partien metallisiert werden, ist ganz persönlicher Geschmack.

157 Erster Schlag grau, zweiter blau. Das Gold sitzt auf blauen Streifen, also Teilen aus dem zweiten Schlag. ▷

158 Diese Palmette entstammt einer Befunduntersuchung und war in einer Hohlkehle plaziert. Die Originalfarbigkeit ist Braun auf Grau, siehe Abbildung 2, Seite 6. ▷

Mit Blattmetallverzierung 89

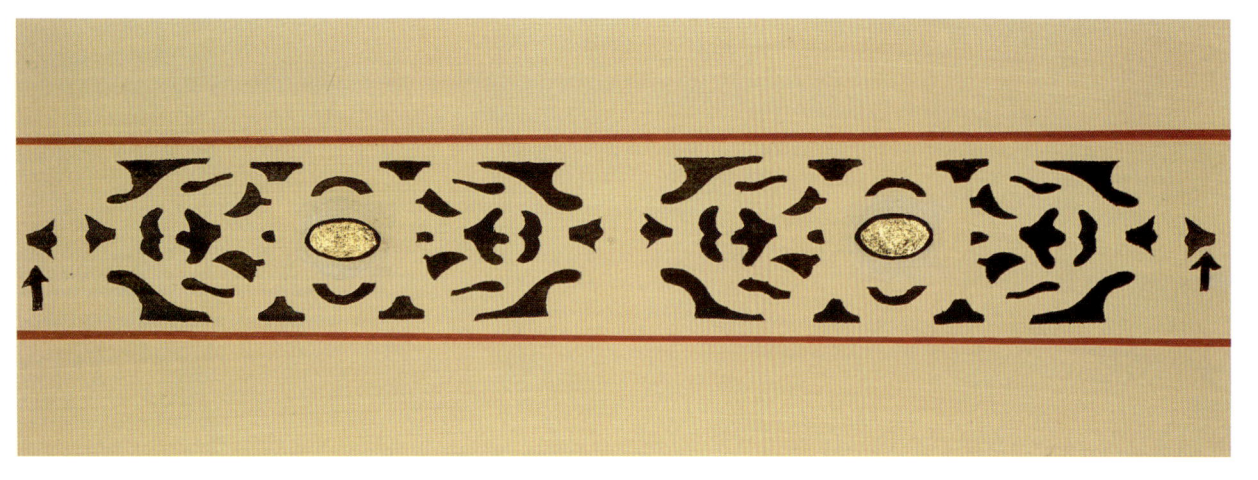

159 Um das Gold herum bleibt ein schwarzer Rand vom Oval stehen, damit das Gold nicht im Hintergrund untergeht.

161 Eine Zeichnung mit den Konturen der fünf Schläge befindet sich auf Seite 80. ▷

160 Die Wasserwelle – ein Ornament aus der Antike. Die erdigen Farbtöne und das Gold harmonieren gut mit dem Motiv. Die Welle wird auf das Band schabloniert. Es wird auf Stoß angelegt.

162 Eine Zeichnung mit den Konturen dieser drei Schläge befindet sich auf Seite 79. ▷

Mit Blattmetallverzierung 91

ORNAMENTE FÜR WANDFÜLLENDE SCHABLONIERUNG

163 Farbigkeit nach Befund. Die Schraffur kennzeichnet den Rapport. Drei Paßmarken liegen außerhalb der Schraffur.

164 Farbigkeit nach Befund. Die Schraffur kennzeichnet den Rapport. Zwei Paßmarken innerhalb und drei Paßmarken außerhalb der Schraffur. Das Bild zeigt eine Wandgestaltung mit zwei Bordüren als oberer Abschluß. Der cremefarbene Deckenanstrich ist auf die Wand heruntergezogen.

Wandfüllende Schablonierung

165 Farbigkeit nach Befund. Die Schraffur kennzeichnet den Rapport. Eine Paßmarke liegt innerhalb und vier weitere liegen außerhalb der Schraffur.

166 Farbigkeit nach Befund – auch die unregelmäßigen Lochreihen. Da der Rapport sehr klein ist, kann die Schablone mehrere davon erhalten.

167 *Farbigkeit nach Befund. Witzig: Der Froschfries.*

Wandfüllende Schablonierung 95

168 Farbigkeit siehe Seite 6, Abbildung 3. Interessant: Hier wurden zwei verschiedene Schablonierungen ohne Trennungshilfe aufeinandergesetzt. Auf Seite 110 ist ein Raum abgebildet, der mit diesem Motiv rekonstruiert wurde.

169 Farbigkeit nach Befund, siehe Seite 6, Abbildung 3. Die Schraffur kennzeichnet den Rapport. Zwei Paßmarken liegen innerhalb und vier außerhalb der Schraffur.

Wandfüllende Schablonierung

170 Die Schraffur kennzeichnet den Rapport. Zwei Paßmarken liegen innerhalb und zwei außerhalb der Schraffur.

Wandfüllende Schablonierung

GESTALTETE RÄUME

171 Für diesen Raum wurde die Schablone von Seite 66 verwendet. Zwei schmale Linien als Begleitstreifen.

172 Die einschlägige Schablone von Seite 120, dreifarbig aufgewertet. Zwei graue Punkte aus dem ersten Schlag wiederholen sich im roten und grünen Schlag als Löcher für die Paßmarken. Den Anfang bildet die Mitte über dem Fenster, von wo zuerst nach rechts und dann spiegelbildlich (Schablonen reinigen und von der Rückseite verwenden) nach links gearbeitet wird.

173 Hier bekrönt das zweischlägige Ornament von Seite 69, allein plaziert, eine Tür. Vom ersten Schlag (hellblau) wurden die äußeren rechten und linken Teile weggelassen.

100 Gestaltete Räume

174 und 175   Passend zur in Schwarz-Weiß gehaltenen Küche ist die schwarze Schablonierung auf weißer Rauhfaser. Einige kleine Ornamentteile sind mit Gold und Silber metallisiert. Da das Jugendstilmotiv mit 31 Zentimetern Höhe für einen 2,50 Meter hohen Raum zu groß ist, um dicht aneinander zu sitzen, wurde es durch die Verlängerung des Blockstreifens in großen Abständen plaziert. Schablone auf Seite 10.

Gestaltete Räume

176 Mit 33 Zentimetern ist das Blumenmotiv für einen 2,50 Meter hohen Raum zu massiv. Nur in den Ecken angebracht – spiegelbildlich – und mit Linien verbunden, verliert es seine Üppigkeit. Der zweite Schlag – die Blüten – wurde zweifarbig gestupft. Das wirkt malerisch und duftig. Alle Blumen- und Pflanzenmotive eignen sich für ineinanderfließende Farben. Schablone auf Seite 65.

177 bis 179 Speiseraum einer Gastwirtschaft mit zweischlägiger Schablonenmalerei, der lobende Worte der Gäste findet. Schablone siehe rechts, Abbildung 178.
Oben links: Das setzt der Raumgestaltung die Krone auf: Am Kapitell der Säule wiederholt sich der Wandfries.
Oben rechts: Die Wandgestaltung über dem Fenster: Da der Platz für die volle Ornamenthöhe nicht ausreicht, führt nur der obere Teil weiter. Eine Lösung, die ganz selbstverständlich aussieht. Bei diesem Ornament ist die Linierung zwingend, denn an ihr ist der Fries aufgehängt.

Gestaltete Räume

180 Die Palmette wurde durch Freilegearbeiten an einer Decke gefunden. Die Ornamentmitte wurde bei jeder dritten Palmette vergoldet. Schablone auf Seite 122.

181 Kleine, ländliche Küche mit einfarbiger Blumenbordüre. Schablone auf Seiten 122/123.

182   Das betont wolkig gestupfte Ornament in Grau ist als Pendant zum Marmor gedacht. Gleiches Motiv wie unten.

183   Der Fries wurde nach Befund (siehe Seite 6) im gleichen Raum rekonstruiert. Schablone auf Seite 24.

Gestaltete Räume

184 und 185 Der Fries und die Farbigkeit stammen aus einer Befunduntersuchung und sind authentisch wiedergegeben. Die Küche verdeutlicht, wie zeitgemäß und ästhetisch historische Raumgestaltung auch heute sein kann. Schablone auf Seite 46.

186   Auf Seite 7 sind drei weitere Varianten dieser Blumenbordüre zu sehen. Die Linie verläuft unterhalb, da es sich um ein stehendes Ornament handelt. Schablone auf Seite 59.

Gestaltete Räume

187 Bei dieser zweischlägigen Schablone (siehe auch Abbildung 171, Seite 99) wurden beide Schläge mit dem gleichen Grünton lasierend gestupft. Der besondere Effekt: Da es sich um eine überlappende Schablone handelt, erscheinen die zweimal gestupften Partien in dunklerem Grün. Die Gesamtwirkung ist also doch wieder zweifarbig. Dieser Effekt ist nur mit überlappenden, lasierend gestupften Schablonen möglich. Die rote und grüne Linierung sitzt über dem Ornament, da dieses einen hängenden Charakter hat. Schablone auf Seite 66.

188 Das Blumenmotiv im Fries wurde passend zu der Blume in den beiden Ofenkacheln ausgewählt (beides Jugendstil). Die Blume entstammt einer Befunduntersuchung. Die Originalfarbigkeit Rosa und Blaugrün wurde nicht übernommen, sondern für diesen Raum in Grün, Gelb und Rostrot für die Blütenmitte umgesetzt. Schablone auf Seite 13, Abbildung 17. ▷

Gestaltete Räume

189 und 190 Rekonstruierter Raum nach Befund (siehe Seite 6, Abbildung 3). Das Besondere daran ist: Es wurden zweierlei Ornamente verwendet, ohne diese durch eine Linie zu trennen. Die obere wächst ganz ungezwungen aus der unteren heraus.

110 Gestaltete Räume

EINSCHLÄGIGE ORNAMENTE IN SCHWARZ-WEISS

Ornamente in Schwarz-Weiß

112 Ornamente in Schwarz-Weiß

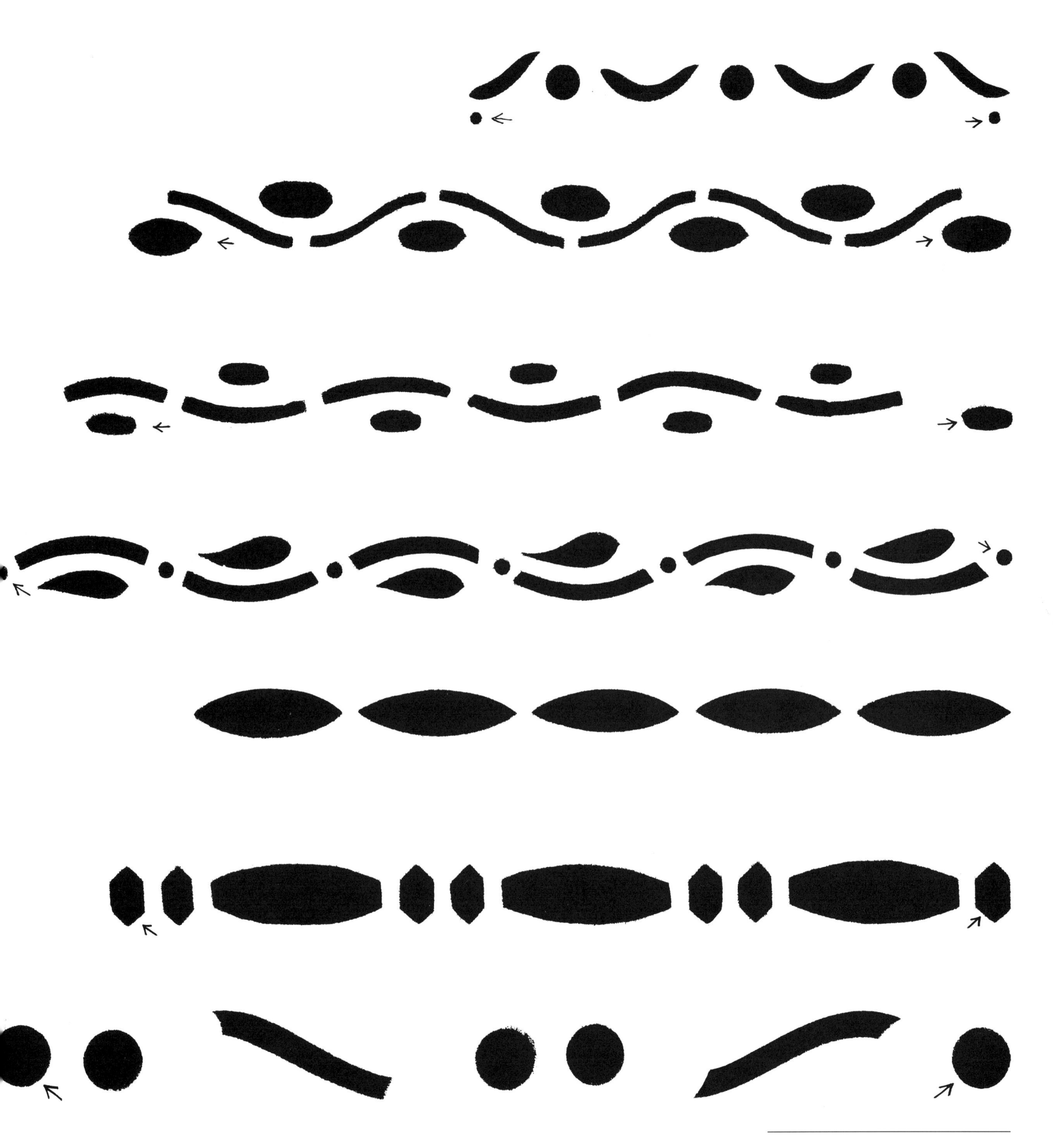

Ornamente in Schwarz-Weiß

114 Ornamente in Schwarz-Weiß

Ornamente in Schwarz-Weiß 115

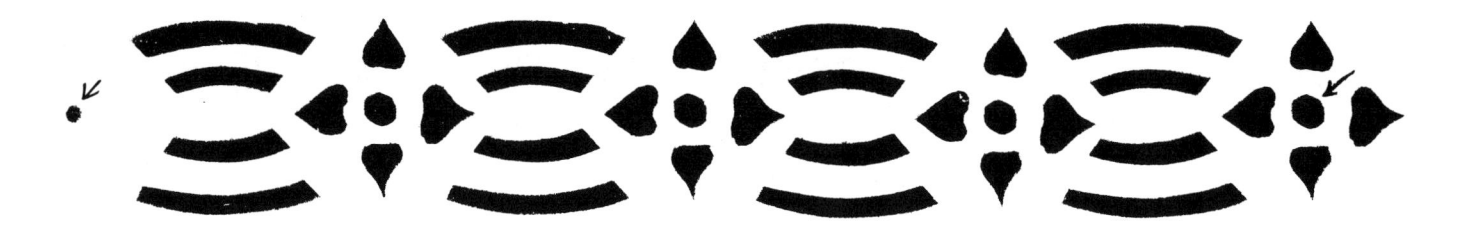

116　Ornamente in Schwarz-Weiß

Ornamente in Schwarz-Weiß 117

118   Ornamente in Schwarz-Weiß

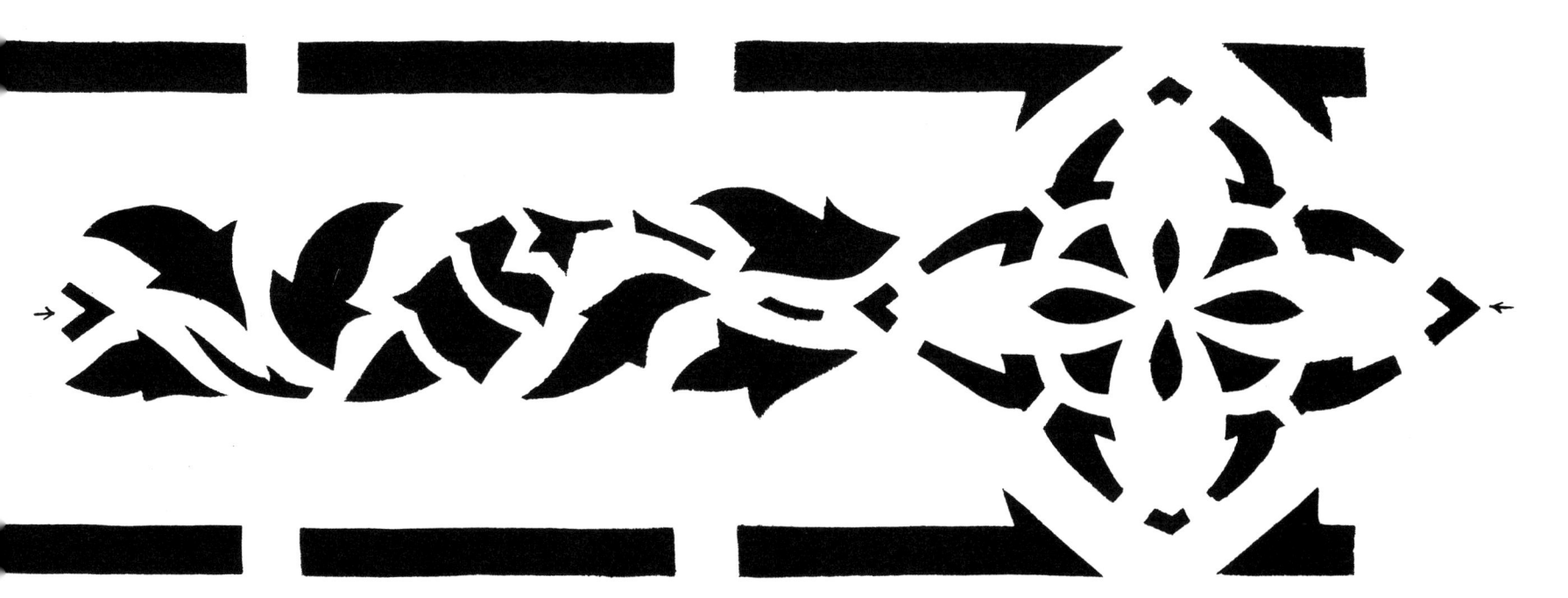

Ornamente in Schwarz-Weiß 119

120 Ornamente in Schwarz-Weiß

Ornamente in Schwarz-Weiß 121

122 Ornamente in Schwarz-Weiß

Ornamente in Schwarz-Weiß 123

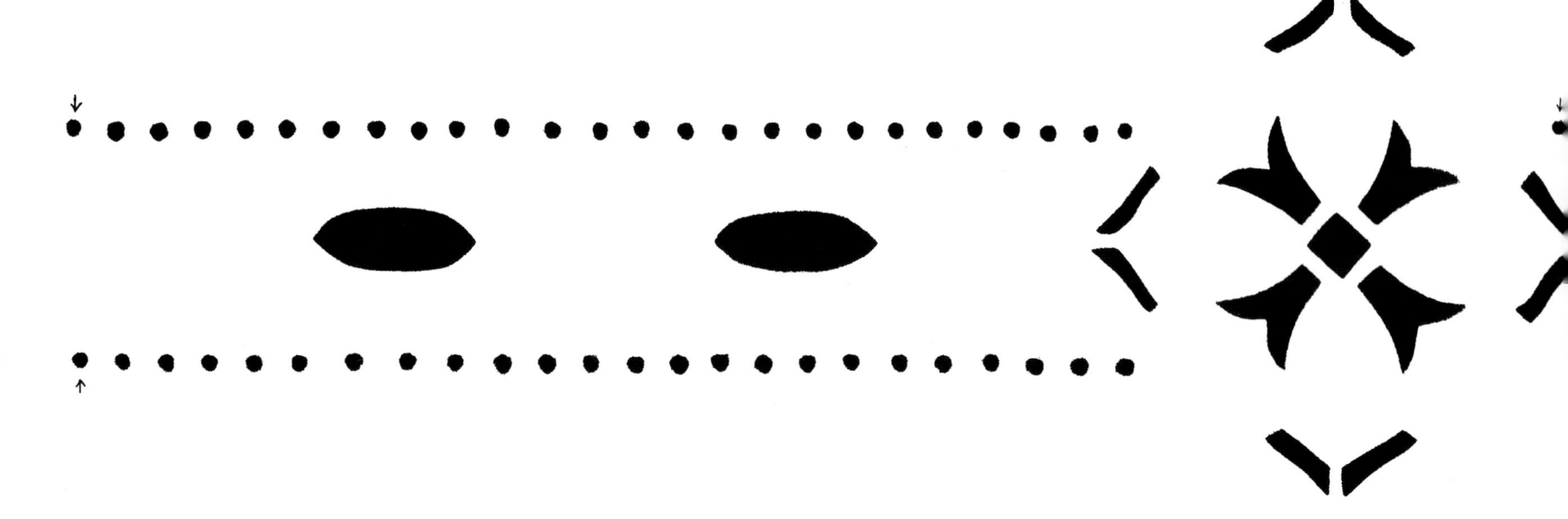

124   Ornamente in Schwarz-Weiß

Ornamente in Schwarz-Weiß 125

126 Ornamente in Schwarz-Weiß

BEZUGSQUELLEN

WERKZEUGE UND MATERIALIEN	Schreibwaren	Malergeschäfte	Künstlerbedarf	Baumarkt Werkzeugladen	Adressenverzeichn.
Bleistift, Radiergummi, Lineal, Geodreieck, Graphitpapier, Schere, Karton (0,3 mm + 1,0 mm), Kreppband	x				
Kunststoffolie, Holzlineal, Schablonenschneidemesser (Klingen), Blattmetall, Anlegemilch, Naturschwamm (Drogerie)			x		x
Plaka, Volltondispersion, Zapponlack, Acrylfarbe		x			
Stanzeisen, Hammer, Schlagschnur, helles Kreidepulver, Watte, Besen, Lot, Wasserwaage, Gummihandschuh, Hartfaser-Resopal-Platte				x	
Kleiner Pinsel, Spitzpinsel, Lackierpinsel		x		x	
Strichzieher, Stupfpinsel, Schablonierpinsel (rund), Holzlineal				x	x

Einen großen Teil der in der Liste genannten Materialien und Werkzeuge führen der Schreibwarenhandel, die Malergeschäfte und Baumärkte. Spezielle Artikel bekommt man nur beim Künstlerbedarf, den es aber nur in größeren Orten gibt. Als Alternative folgende Adressen:

Künstlerbedarf:
Deffner & Johann
Mühläcker Str. 13
97520 Röthlein
Tel.: 09723/2044

Blattmetall:
J. G. Eytzinger GmbH
Blattgoldfabrik
Postfach 1305
91103 Schwabach
Tel.: 09122/85038

Künstlerbedarf:
J. J. Gerstendörfer
Waldstr. 32
91189 Gustenfelden, Post Rohr
Tel. 09122/92 68 10

Künstlerbedarf/Pigmente:
Dr. G. Kremer
Farbmühle
88317 Aichstetten
Tel.: 07565/1011

Blattmetall:
C. Kühny
Blattgoldfabrik
Hermannstr. 31
86150 Augsburg
Tel.: 0821/517869

Spezialpinsel:
Pinselfabrik Müller
Hauptstr. 12
91452 Wilhermsdorf
Tel.: 09102/1216

CALLWEY
Die Bücher.

Gewußt wie!
Kreative Design-Ideen

Jocasta Innes
**Junges Design
für alte Möbel**
*Effektvoll marmorieren,
schablonieren, patinieren*
160 Seiten, 147 farbige
Abbildungen. Broschiert.

Terence Conran
**Do it yourself
Einbau, Umbau, Ausbau**
*100 Design-Ideen für
Wohnraum, Küche, Bad*
256 Seiten, 250 farbige
Abbildungen und 375 Skizzen.
Gebunden.

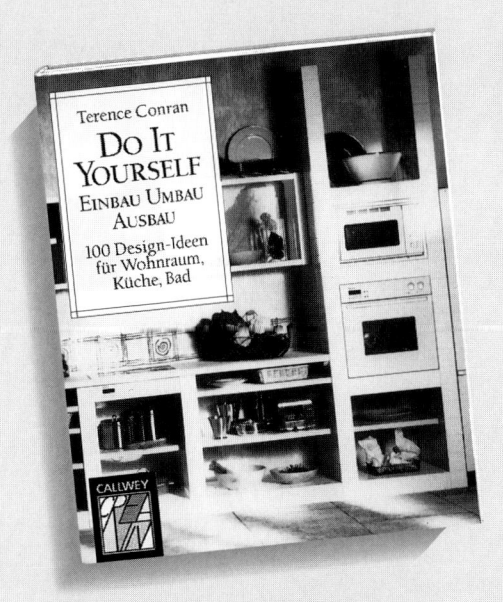

Terence Conran
**Möbel und Spielzeug
für Kinder**
*Kreative Ideen zum
Selberbauen*
128 Seiten, 90 farbige
Abbildungen und 105
Zeichnungen. Broschiert.

Anoop Parikh
**Große Wohn-Ideen
für kleine Räume**
80 Seiten, 91 farbige
Abbildungen und 4 farbige
Zeichnungen. Gebunden.

Callwey Verlag München